**As Invasões Normandas:
Uma Catástrofe?**

Coleção Khronos
Dirigida por J. Guinsburg

Equipe de realização – Tradução: Mary Amazonas Leite de Barros; Revisão:
Ingrid Basílio; Assessoria editorial: Plinio Martins Filho; Produção: Ricardo W.
Neves e Adriana Garcia.

Albert D'Haenens

**As Invasões Normandas:
Uma Catástrofe?**

 EDITORA PERSPECTIVA

Título do original francês
Les Invasions Normandes, une Catastrophe?

© Flammarion, Paris, 1970.

Direitos reservados em lígua portuguesa à
EDITORA PERSPECTIVA S. A.
Av. Brigadeiro Luís Antônio, 3025
01401-000 – São Paulo – SP – Brasil
Telefone: (011) 885-8388
Fax: (011) 885-6878
1997

A Herbert Jankuhn

SUMÁRIO

CRONOLOGIA 11

PREFÁCIO 15

PRIMEIRA PARTE: OS FATOS 19

LIVRO I: OS NORMANDOS 21

1. De Onde Vinham e com que Meios? 23
2. O que Eles Vinham Fazer? 33

Conclusões do Livro I: O *Regnum Christianorum*, um Eldorado 41

LIVRO II: OS FRANCOS 43

1. Uma Primeira Fase Passiva: *Nemine Resistente* 44
2. Uma Segunda Fase Ativa: A Organização da Defesa Territorial 66

Conclusões do Livro II: Os Normandos, Instrumentos de um Julgamento de Deus 76

Epílogo: Balanço de uma Agressão 82

SEGUNDA PARTE: ELEMENTOS DO DOSSIÊ E ESTADO DA QUESTÃO 87

Documentos 88
Problemas a Resolver 100
Bibliografia Seletiva.................................. 111

CRONOLOGIA

Invasões Normandas na França no Século IX

799	Primeira incursão no império franco.
810	Na Frísia.
814	Na Frísia.
820	Tentativas inúteis de desembarque em Flandres e no Sena.
826	Primeiro Estado dinamarquês na Frísia.

Primeira Geração de Normandos

835	Na Frísia e em Duurstede. Em Noirmoutier.
836	Na Frísia e em Duurstede. No Escaut e no Meuse (Antuérpia e *Witla*).
837	Na Frísia e em Duurstede.
841	Harald e Rorik recebem o feudo da Frísia. No Sena (I), de 12 a 31 de maio.
842	Em Quentovic (em maio).
843	No Loire, a partir de 24 de junho.

844	No Garonne, até as paragens de Toulouse.
	Em Quentovic.
845	Na Frísia.
	No Elba (Hamburgo)
	No Sena (II), início de março;
	em Paris, 28 de março.
	No Loire e na Aquitânia.
846	Na Frísia e em Duurstede.
	No Escaut.
847	Na Frísia e em Duurstede.
	Na Bretanha.
	No Loire.
848	Na Frísia.
	Na Gironde.
849	Na Frísia.
	Na Dordogne.

Segunda Geração de Normandos

850	Na Frísia.
	No Escaut.
851	Na Frísia.
	No Elba e no Saxe.
	No Escaut.
	No Sena (III), de 13 de outubro de 851 a 5 de junho de 852; primeira invernada em Francie.
852	Na Frísia.
	No Sena (IV), a partir de 9 de outubro até junho-julho de 853.
853	No Loire, de junho-julho de 853 até o fim de 854; campo de inverno em Saint-Florent-le-Viel.
854	Novo campo no Loire, na ilha de *Betia*.
	Na Frísia, na parte limítrofe do Saxe.
855	No Sena (V), a partir de 18 de julho (em Paris, 28 de dezembro de 856) até 862.
	No Loire: Sidroc cerca o campo de *Betia* dirigindo-se depois ao Sena, onde, a 19 de agosto, Bjoern e seu bando lhe trazem reforços.
	Campo de Jeufosse.
856	No Loire (em Orléans, a 18 de abril).

857	Na Frísia e em Duurstede.
	Em Tours e na região.
858	Cerco do campo de Jeufosse por Carlos o Calvo.
	No Eure (em Chartres, a 12 de junho).
859	Weland no Somme.
861	Weland no Sena: ele cerca o campo de Jeufosse, juntando-se depois aos sitiados.
862	Retirada dos normandos do Sena, em março.
	No Marne (até Meaux).
	No Loire.
	No Saxe.
863	No Reno (Duurstede, Xanten, Colônia).
	No Charente e na Gironde.
864	Tentativa inútil de desembarque em Flandres.
	No Reno.
	No Garonne.
865	No Loire (em Orléans, fevereiro).
	No Poitou e na Aquitânia.
	No Sena (VI) de meados de julho de 865 até julho de 866.
866	Partida dos vikings do Sena.
867	No Loire.
868	No Loire.
869	Acordo entre normandos e bretões.
871	No Loire.
872	No Loire.
873	Carlos o Calvo cerca Angers, em poder dos normandos.
	Rodolfo na Frísia.
876	No Sena (VII), a partir de 16 de setembro até o início de 877.

Terceira Geração de Normandos

879	Campo de Gand, em novembro.
880	Batalha de *Timiomum* em fevereiro.
	Campo de Courtrai em novembro.
	No Saxe, início de 880, e no Baixo Reno no outono de 880.
881	Batalha de Saucourt em 31 de agosto.

Campo de *Ascloa* em novembro.
882 Campo de Condé em outubro.
883 Em Flandres.
Campo de Amiens no fim do ano.
No Baixo Reno e no Saxe.
884 Campo de Louvain no fim do ano.
885 No Sena; cerco de Paris.
886 Na Borgonha.
887 No Marne.
888 No Sena em novembro.
889 Na Bretanha.
890 No Oise. Campo de Noyon.
891 No Meuse. Campo e batalha de Louvain.
892 Retirada dos normandos.
911 Fundação da Normandia.
919 Em Nantes.
930 Fim da primeira fase do movimento viking.
966 Batismo do rei da Dinamarca, Harald, em Dent Bleue.
981 Descoberta da Groenlândia.
1000 Os islandeses no Vinland.
Conversão da Islândia.
1066 Conquista da Inglaterra pelos normandos.

PREFÁCIO

As invasões normandas, pontos de referência prestigiosos e aterradores dos manuais de história de nossas infâncias! Qual é o escolar de ontem que não se lembra da linha audaciosa dos barcos enfileirados, ou do perfil mágico dos capacetes cornudos que figuram na inevitável reconstituição de um desembarque de piratas? Enquanto os vikings, a seus olhos, foram há muito tempo reabilitados pelos historiadores, arqueólogos e filólogos escandinavos, resta ainda perguntar se esses normandos, aparentemente excluídos da revisão, foram realmente tão selvagens e terríveis como se diz, e se o que fizeram provocou realmente uma catástrofe no continente no fim do século IX. Este pequeno livro gostaria de ajudar o homem de bem, e também o historiador, a encontrar uma resposta a essas perguntas. Faremos, portanto, uma relação das quantidades de ouro e de prata roubadas, e dos estragos causados pelos nórdicos; como as pesquisas ainda estão engatinhando nesse aspecto, só poderemos fazer esse tipo de levantamento em relação a uma ou duas zonas. Em todo o caso, sejam quais forem os conhecimentos, o inventário dos efeitos só pode ser complementar a uma descrição exata do mecanismo e da dinâmica do fenômeno. De modo que a resposta às perguntas iniciais não se localizará num ponto preciso do texto, mas em cada uma de suas linhas.

Seria realmente útil descrever novamente acontecimentos que excelentes especialistas, tais como W. Vogel ou F. Lot, analisaram tão bem, cinqüenta anos atrás? Sim, sem dúvida, já que, desde o início deste século, as preocupações e as sensibilidades, assim como as técnicas dos medievalistas, sofreram uma profunda mudança. Chegou, portanto, o momento de retomar o saber, progressivamente abandonado, da época "positivista" e de recuperar, desse modo, um material precioso de informação histórica que a tendência foi desprezar, a pretexto de que fora solicitado com base em uma problemática ultrapassada. Pois a história das invasões normandas, reconsiderada, deixa de ser condenada a uma enumeração de elementos espaço-temporais, para se tornar a história ainda inexplicada de um contato bastante brutal entre um povo empreendedor e aberto ao mundo, e um povo fechado sobre si mesmo, mas que sabia escrever sua história. Estrangeiros introduzidos num meio fechado, os nórdicos desempenham o papel de reveladores das estruturas mentais e sociais francas. Assim estabelecida numa nova dignidade, a história fatual das incursões se transforma numa oportunidade privilegiada de observar domínios que se situam no centro da atualidade historiográfica.

Iniciativa oportuna. E também necessária. O fenômeno foi visto de modo demasiadamente exclusivo, apenas do ponto de vista das fontes escritas tradicionais. Ora, os autores destas eram todos, indistintamente, ocidentais e, ainda por cima, religiosos. O historiador das invasões não deveria, pois, limitar-se a fazer coincidir sua descrição do fenômeno com o universo mental de seus testemunhos. Deveria também submeter seus depoimentos a uma crítica rigorosa. Pois os clérigos preocupavam-se menos em descrever exatamente a realidade do que em "recobrir os vikings com as vestes de todos os bárbaros de biblioteca"[1]: os termos com que são relatadas as atividades dos "invasores", seus "massacres e destruições" principalmente, inspiravam-se numa linguagem escolar, na literatura bíblica, e naquela retórica das lamentações que os autores haviam usado por ocasião das invasões dos séculos IV e V. Seria, portanto, um erro tomar

---

1. L. Musset, *Les Invasions,* II, p. 224.

suas informações ao pé da letra. Tanto mais que, com muita freqüência, elas só foram fornecidas por testemunhos indiretos. Não tendo, geralmente, visto diretamente, nem constatado nem observado pessoalmente o que relatavam, tomando conhecimento mediante apenas, por um ou de vários intermediários, dos fatos que testemunhavam, nossos informantes forneceram dados ligados à tradição oral; é certo que, suas palavras podem eventualmente ter sido controladas, mas apenas num certo sentido, por testemunhas oculares dos fatos relatados; mas ao mesmo tempo podem ter sofrido alterações e deformações no decorrer de sua transmissão verbal.

Desfazer a imagem tradicional, com muita freqüência cúmplice da parcialidade inevitável dos testemunhos francos, para reconstruir outra que vise reencontrar os normandos além e apesar das grades pelas quais se pretendeu fazer-nos tomar conhecimento deles, desde o fim do século VIII. Em lugar de os condenar, tentar compreendê-los. Observar o agressor sem limitá-lo exclusivamente ao âmbito do agredido. Sair do círculo onde se dá o áspero encontro, para tentar reintegrar na realidade humana total um fenômeno que, mais que uma sucessão de batalhas, embarques e desembarques, roubos e pilhagens, foi o trágico desenvolvimento de um contato frustrado entre dois mundos estranhos que, por não poderem se compreender, tiveram necessariamente de se enfrentar. Eis algumas das razões que nos levaram a reabrir o dossiê das invasões normandas.

PRIMEIRA PARTE:

OS FATOS

Para reencontrar e compreender, para além dos acontecimentos alinhados na Cronologia, os homens que os viveram, será muitas vezes preciso proceder por desvios e vias de acesso indiretas. Querer, aliás, conhecer tudo acerca desses homens, tanto dos normandos como dos francos, com os quais eles entraram em contato, seria evidentemente um engodo. Mas gostaríamos, pelo menos, de tentar saber de onde vinham os agressores e o que vinham fazer; como suas vítimas reagiram à agressão; como uns e outros perceberam o acontecimento; e em que este modificou suas respectivas situações.

Livro I

Os Normandos

Fora algumas inscrições rúnicas, não existe, para testemunhar do ponto de vista dos agressores, qualquer texto que informe sobre o sentido e o alcance de suas expedições à França. Os escritos relativos ao século IX escandinavo reduzem-se a duas narrativas de viagem – a do norueguês Ottar e a do árabe At-Tartûschi –, e à famosa *Vita Anskarii,* notável documento-reportagem, de Rimbert de Torhout. Os primeiros relatos das expedições nórdicas ao continente no século IX, redigidos por compatriotas dos normandos, são posteriores à cristianização da Escandinávia, e são narrados de tal maneira que apenas fornecem alguns raros dados autênticos e válidos.

Onde e como, por conseguinte, procurar os pontos de referência da subjetividade escandinava? Não estaríamos condenados a ficar encerrados no sistema de coordenadas fornecidas pelos testemunhos ocidentais? Não, sem dúvida, pois o historiador, por sua posição no tempo e por seus meios técnicos, ocupa uma situação num certo sentido privilegiada em relação aos testemunhos contemporâneos. Bloch[1] percebeu-o quando observou que "melhor do que os vigias que, então, em nossos litorais,

1. *Soc. féodale,* I, p. 30.

perscrutando com o olhar o alto-mar, tremiam ao descobrir ali as proas dos barcos inimigos, ou do que os monges, ocupados em seus *scriptoria* a anotar as pilhagens, podemos hoje restituir aos reides normandos seu pano de fundo histórico". É que estamos em condições de conhecer o agressor, seus costumes, suas intenções, seus hábitos, suas atividades, melhor que a maior parte das testemunhas contemporâneas que, freqüentemente, não viram diretamente os agressores ou que, quando tinham oportunidade de fazê-lo, estavam colocadas em condições mentais de tal natureza que eram incapazes de apreender a significação e a finalidade dos atos dos vikings. Uma outra vantagem se deve ao fato de que se vê o conjunto do terreno e não unicamente um ou outro fato isolado; já que, em princípio pelo menos, ele dispõe do conjunto dos testemunhos, o historiador pode comparar, compreender por analogia, eliminar elementos de contradição, captar o alcance e o significado particulares em relação aos movimentos de fundo. Resta, enfim, a possibilidade de apreender corretamente um aspecto da realidade, para além de toda subjetividade, graças aos indícios materiais: a arqueologia pode e deveria desempenhar um papel determinante no estudo das invasões normandas[2].

Explorando essas vantagens é que se podem corrigir as deformações subjetivas das testemunhas contemporâneas. Será, portanto, possível restabelecer um conjunto de fatos com os quais se construirá, não a verdade de um dos antagonistas em questão, mas a verdade histórica.

---

2. Ver, a esse respeito, *infra*, p. 100.

Capítulo I

De Onde Vinham e com que Meios?

Jamais se poderá determinar qual a proveniência de cada um dos bandos que desembarcaram no continente no século IX. Os testemunhos francos contentaram-se, na maior parte das vezes, em chamá-los de *Nortmanni*. "Chamam-nos de normandos", escreve Guillaume de Jumièges[1], "porque na sua língua Setentrião se diz 'Norte', e homem, 'man' ".

I. Proveniência geográfica

Marc Bloch[2] explicou a gênese psicológica e mental daquilo que nos parece hoje uma lamentável lacuna.

Como nada parece mais característico do estrangeiro — ser, por natureza, misterioso — que o ponto de horizonte de onde ele parece surgir, os germanos do lado de cá do Elba habituaram-se a dizer simplesmente: "homens do Norte", *Nordman*. Coisa curiosa: esta palavra, apesar de sua forma exótica, foi adotada tal e qual pelas populações romanas da Gália; seja porque, antes de aprender a

---

1. *Chron. de gestis Norm.*, ed. Marx, p. 201.
2. *Op. cit.*, I, 29.

conhecer diretamente a selvagem nação dos normandos, sua existência lhes foi revelada por relatos procedentes das províncias limítrofes, seja porque, o que é mais provavel, as pessoas do povo a ouviram proferida por seus chefes, funcionários reais, a maioria dos quais, no início do século IX, sendo descendentes de famílias austrasianas, falavam comumente o frâncico. De resto, o emprego do termo permaneceu estritamente continental. Os ingleses ou se esforçavam por distinguir, da melhor maneira possível, os diferentes povos, ou os designavam, coletivamente, pelo nome de um deles, o dos dinamarqueses, com os quais tinham contato mais direto.

Eram esses *Normanni* dinamarqueses, noruegueses, suecos? Provavelmente, nossas testemunhas jamais fizeram esta pergunta. Para os clérigos ocidentais, os invasores, como não eram de "seu mundo", só podiam provir do caos, onde nada é organizado, onde tudo se entrelaça, onde nada se distingue. Para eles, todos aqueles que desembarcavam em suas praias eram pagãos e bárbaros. Diferençar a proveniência do agressor de ultramar não tinha qualquer interesse, nem para o leitor nem para o ouvinte. Um exemplo, o de uma das mais eruditas e mais bem informadas testemunhas da época, Eginhard, ora fala de *Dani siquidem ac Sueones, quos Normannos vocamus,* ora de *Nordmanni qui Dani vocantur*[3], mostrando com isso exatamente que, quando se tratava da geografia dos invasores, seu espírito se confundia. Como, aliás, poderia ser de outro modo, já que nem ele nem seus semelhantes os viram pessoalmente ou, se o tivessem feito, não eram capazes de compreender sua linguagem?

Os testemunhos dos contemporâneos não podem, portanto, ajudar a resolver o problema da proveniência dos invasores. Apenas um conjunto de indicações, reunidas e estudadas no final do século passado por Johannes Steenstrup[4], sugere que, entre os normandos que desembarcaram no continente no século IX, o elemento dominante era o dinamarquês. Baseando-se na história interna dos Estados escandinavos, em sua situação geográfica e em suas atividades externas, o historiador dinamarquês estabeleceu com verossimilhança – e as pesquisas posteriores confirmaram suas opiniões – que os suecos voltaram-se quase exclusivamente para o Leste; os noruegueses, para as ilhas do Atlântico, a Escócia e a Irlanda; os dinamarqueses, para

3. *Vita Karoli,* ed. Halphen, p. 36.
4. *Normannerne,* I, pp. 49 e ss.; II, pp. 14 e ss. e 378-379.

o continente e a Inglaterra. Aliás, é para simplificar que encaramos os noruegueses, dinamarqueses e suecos como entidades independentes e bem delimitadas. "Isso só é lícito num plano mais geral", observa L. Musset[5]. "Todas as expedições compreenderam homens de várias nacionalidades. Esse cosmopolitismo, mais marcado no Ocidente do que no Oriente, é um dos traços mais originais do mundo dos vikings."

Os bandos que invadiram o continente contavam, portanto, em geral, com uma maioria de dinamarqueses. Isso porque, encerrado na extremidade sudoeste do Báltico, eles não tinham escolha. "A leste, os suecos tinham tomado a iniciativa, ao sul poderosas nações eslavas montavam forte guarda, na direção oeste o império carolíngio fortificara a Frísia e mantinha frotas no mar do Norte. As águas do Kattegat tinham se tornado perigosas pela presença de inúmeros baixios, assim como pela permanente ameaça dos piratas noruegueses. A expansão dinamarquesa só podia ocorrer pela derrubada do bloqueio colocado na raiz da Jutlândia por Carlos Magno e seus aliados eslavos e frisões. Tal empresa não permitia improvisação nem mediocridade; não podia ser obra de indivíduos isolados que atacam de surpresa, mas devia necessariamente se revestir de um caráter maciço e duradouro. É por isso que, ao contrário dos noruegueses e dos suecos, os vikings dinamarqueses operam em formações compactas sob a autoridade de reis ou de chefes muito influentes."[6]

II. Efetivos e armas

Quantos eram os que desembarcavam, quase todos os anos, nas costas francas? Pergunta importante que ainda aguarda uma resposta. Certamente, mais do que indicações vagas, possuímos muitos números. Ainda assim, seria preciso, para saber o que valem, submetê-los a uma crítica impiedosa. Mas em que base assentar essa crítica? Enquanto se espera resolver esse intrigante problema[7], só os dados emprestados à demografia franca e nórdica podem servir de coeficiente de correção. Levando em conta as possibilidades limitadas de transporte e a inutilidade

5. *Les Invasions,* II, p. 217.
6. F. Durand, *Les Vikings,* p. 33.
7. Ver a esse respeito, *infra*, p. 108.

para os normandos de se sobrecarregarem de contingentes várias vezes superiores às entidades adversas, conseguimos adiantar racionalmente que os bandos dinamarqueses deviam contar habitualmente três a quatro centenas de homens e que, como sugere P. Sawyer[8], seu número jamais ultrapassava o milhar.

Não foi a superioridade numérica que deu aos vikings o domínio sobre os francos durante décadas. Tampouco foi um armamento que, fora o machado, nada apresentava de novo em relação ao dos carolíngios. A espada, o punhal, o escudo, o arco, a azagaia, o capacete de couro, provavelmente também a cota de malha e às vezes a armadura, eram conhecidos em toda a cristandade; ademais, inúmeras espadas dinamarquesas eram francas, forjadas nas oficinas dos agredidos, sendo as armas, na opinião dos arqueólogos, os produtos francos mais exportados para as regiões escandinavas na alta Idade Média.

Quanto às máquinas que os normandos puseram em funcionamento para forçar as fortificações que as populações invadidas começaram a construir a partir dos anos 60, também eram copiadas dos engenhos francos ou se contentavam em adaptar veículos tomados ao habitante. Abbon, ao relatar o cerco de Paris de 885-886, nos descreve algumas delas[9]: *tríplice aríete,* feito de pranchões com uma das extremidades munida de uma ponta de ferro, a propósito do qual Viollet-le-Duc, em seu *Dictionnaire*[10], indagava se não teria sido construído por dois cristãos fugitivos; *gatas,* ou galerias de madeira recobertas de couro cru, que se moviam sobre rolos, sob as quais os normandos passavam a noite ou se abrigavam para atirar nos sitiados; *manteletes,* destinados a abrigar três ou quatro guerreiros; *catapultas,* que atiravam contra a cidade pedras ou projéteis inflamados.

III. Meios de transporte

Nem mais numerosos, nem mais bem armados que os francos, os normandos detinham, todavia, sobre os adversários um trunfo maior: o barco, qualificado como o instrumento por ex-

---

8. *The Age of the Vikings.*
9. Abbon, *Bella Par. Urbis,* 1. I, vv. 205 e ss. e 255 e ss.
10. *Dictionnaire,* t. 5, p. 220.

celência do imperialismo viking. Achados arqueológicos importantes – as tumbas de Oseberg ou de Gokstad na Noruega, de Nydam na Dinamarca, por exemplo, – embora não datem necessariamente do século IX, permitem se fazer uma idéia aproximada sobre esses barcos. Eram embarcações muito simples, desprovidas de pontes ou só com meias pontes, munidas de um leme lateral, cuja popa e proa se erguiam em pontas ornadas com figuras; com cerca de vinte metros de comprimento, três a cinco metros de largura, deslocavam-se com remo ou vela, e podiam transportar até cinqüenta homens. Esses barcos leves, de pouco calado, movidos por remadores, fáceis de ser trazidos para a praia e aptos a ser levados bem no interior das terras, garantiam aos normandos uma rapidez de execução que contrastava com o pesado aparato militar carolíngio; serviam-lhes ao mesmo tempo como meio de transporte e de campo móvel que acompanhavam os saqueadores durante todas as incursões, descarregando-lhes as bagagens inúteis no combate; asseguravam-lhes também a retirada em caso de transbordamento. "À visão de vossas brancas falanges", canta Sedulius Scottus por ocasião de uma vitória do bispo Francon de Liège[11], "os normandos fugiram para os barcos e correram pelo rio, mais rápidos que o vento leste". Depois de suas derrotas em *Timiomum*, em 880, no Aisne em 882, em Louvain em 891, os dinamarqueses continuaram a grassar como se nada houvesse acontecido, provando que tinham conseguido com suas frotas ligeiras subtrair-se às conseqüências de uma derrota em país inimigo.

Mas a própria natureza de suas empresas, junto com um melhor conhecimento do país e da experiência de uma resistência ineficaz, levou-os a se embrenharem ainda mais no interior das terras: à medida que o "rendimento" das cidades costeiras, geralmente comerciais, diminuía, em conseqüência de imposições de tributos e de pilhagens demasiadamente repetidas, eles eram obrigados a ir beber em novas fontes, intactas mas também menos acessíveis a suas empresas navais. Para se impor aos grandes proprietários, às abadias e às igrejas, detentores do ouro e da prata entesourados, era preciso armar-se para empreendimentos meio navais, meio terrestres, percorrer itinerários em estradas e não mais unicamente vias fluviais, prever também

11. Ver *infra*, p. 93.

etapas intermediárias e não mais idas e vindas a partir do lugar de desembarque. Daí o assentamento de acampamentos e o recurso à cavalaria.

De repente, de marinheiros eles se transformavam em cavaleiros. Montados em animais que tinham trazido ou furtado nas redondezas, organizavam daí em diante reides mais incisivos ainda. Seria preciso estudar, região por região, a utilização dessas montarias; constar-se-ia que o recurso ao cavalo como meio de transporte é condicionado por inúmeros fatores que fazem com que num lugar ele fosse adotado mais cedo que em outro. Em certas regiões, utilizaram-no a partir de cerca de 850: no campo de Saint-Florent-le-Viel, por exemplo, a partir de 853-854. Alhures, muito mais tardiamente: assim, no atual espaço belga, observa-se que, até 879 pelo menos, eles se contentaram, ao desembarcar na costa ou ao acompanhar a bacia do Escaut, com fazer incursões nos aglomerados pouco afastados do litoral ou do rio. De todo modo, quando passaram a dispor de cavalos, puderam irradiar-se pelo interior das terras e atacar mais de frente um adversário que também os utilizava. O curso d'água doravante era apenas um meio de transporte ou de evasão em direção ao campo ou à grande frota de embarque. A rede de estradas tornava-se um fator determinante de penetração. O que demonstra como a adoção da cavalaria modificou a atividade dos invasores e também a natureza de suas exações: daí em diante, podiam, na medida em que as estradas o permitiam, afastar-se cada vez mais do rio, ir ainda mais longe, surpreender sempre com mais facilidade, entrar em contato com outras paisagens e outras economias, pressionar outras populações.

As razões que levaram os normandos a adotar a cavalaria obrigaram-nos também a organizar acampamentos. É a partir de cerca de 850 que se acostumaram a levantá-los em locais escolhidos em razão de suas vantagens defensivas e de suas possibilidades de estocagem. O entrincheiramento situava-se sempre num curso d'água que dava acesso a uma região rica e vasta e servia como ancoradouro: Saint-Florent no Loire; Jeufosse ou Oscelle no Sena; Gand, Courtrai e Condé no Escaut; *Ascloa* no Meuse; Louvain no Dyle; Chessy, perto de Lagny, no Marne. Os trabalhos de defesa eram rudimentares; obrigados a agir com presteza, os dinamarqueses contentavam-se em reforçar, por um *vallum* e uma paliçada, um complexo preexistente (um *Pfalz* em *Ascloa,* um *castrum* em Louvain, uma abadia em Gand, uma igreja em Saint-Germain-l'Auxerrois), ou um lugar que possuísse um valor defensivo natural, uma ilha, por exemplo, como em Oscelle ou em Saint-Florent.

Abbon, em sua descrição do cerco de Paris, mostra-nos um em atividade[12]. Apenas uma semana após sua chegada diante da cidade, a 24 de novembro de 885, os normandos, compreendendo que Paris estava protegida contra um ataque de surpresa, aprontaram-se para iniciar um verdadeiro cerco e construíram em volta da igreja de Saint-Germain-l'Auxerrois uma trincheira fechada por estacas e defendida por construções de terra e pedras misturadas. Montaram ali uma oficina de armas para fabricar suas máquinas de cerco, forjar suas flechas, reparar os escudos, consertar suas velhas armas. Enquanto uns se empenhavam em fazer a manutenção do material de guerra, outros partiam para saquear, percorrendo o campo vizinho para buscar forragem e principalmente gado, que guardavam na igreja, transformada, para a ocasião, em estábulo e matadouro. As mulheres cuidavam da cozinha e reservavam aos maridos uma acolhida em função de seu comportamento nos saques ou no cerco. Em suma, o campo apresentava o aspecto de um centro ativo e fervilhante de vida.

Refúgio em caso de ataque, entreposto para os produtos do saque, acampamento de inverno onde se amontoavam reservas alimentares e forragem: tudo isso era vantajoso. Mas representava também um inconveniente: os campos reduziam a mobilidade da tropa. Estabilizando-se, pelo menos durante alguns meses, no interior das terras, juntando-se, ainda que de vez em quando, no mesmo ponto, os normandos se tornavam capturáveis. Além disso, a manutenção dos ocupantes da trincheira exigia incursões audaciosas e muitas vezes perigosas. Em 885, os soldados dispersos do campo de Louvain, que operavam no vale mosano, foram surpreendidos; enquanto normalmente teriam logo se dispersado, viram-se então obrigados a se proteger de qualquer maneira atrás de uma modesta trincheira, da qual só conseguiram escapar vários dias depois, protegidos pela escuridão, e depois de sacrificar as provisões[13]. A 18 de abril de 891,

---

12. Abbon, *op. cit.*, l. I, especialmente vv. 172 e ss.
13. *Ann. Fuldenses,* ed. Kurze, p. 102.

a tropa, encarregada do abastecimento dos bandos que pilhavam o litoral, foi desbaratada pelos habitantes de Saint-Omer, porque estava menos preocupada com a estratégia do que com reunir o gado[14]. "Flibusteiros, portanto, mas desde então flibusteiros meio sedentários", observava M. Bloch[15], "os normandos preparavam-se para se tornarem conquistadores do solo." Daí em diante, era-lhes impossível passar despercebidos, pois precisavam de tempo para se apoderar do gado ou acumular forragem; estorvados pelo comboio de provisões, tinham menos chances de escapar às ciladas armadas pelas populações e milícias locais.

IV. Tática

Uma flotilha maleável, veículo e campo móvel; uma cavalaria que assegurasse um campo de ação maior e uma melhor defesa: dois importantes trunfos que permitiam aos normandos surgir no momento e no lugar favoráveis com um máximo de vantagens táticas. A supremacia militar dos dinamarqueses, que assombrou por muito tempo os francos, e que ainda hoje suscita admiração, repousava nessa mobilidade, que garantia a rapidez de execução e de exploração sistemática do efeito surpresa.

A isso se juntava a astúcia. Os normandos eram conhecidos por escolher cuidadosamente o dia e a hora de seus ataques, de modo a obter um maior efeito de surpresa. Gostavam especialmente dos domingos e feriados; as horas em que se desenrolavam os ofícios religiosos nas abadias e a missa comunitária na cidade ou na vila. Em Saint-Bertin, surgiram, nos dias 18 e 25 de abril de 891, numa manhã de domingo; em Nantes, penetraram na cidade, a 24 de junho de 843, um dia de festa e de feira; em Trêves, numa Quinta-feira santa de 882; em Paris, 858, no dia de Páscoa, de manhãzinha. Eram também conhecidos por dissimular seus movimentos e intenções. "Todas as vezes que se preparavam para agir, escondiam-se por vários dias", observa Aimoin[16], "de modo que

14. *Libellus mir. S. Bertini,* p. 512, l. 33.
15. *Soc. féodale,* I, p. 38.
16. Aimoin, l. II, cap. 10.

ninguém ficasse a par de sua chegada." Em 841, entraram pela primeira vez no Sena; navegando contra a corrente, permaneceram quietos; apenas no momento de descer a corrente, entraram em ação nas margens.

Assim, pela astúcia e pela surpresa, levavam o pânico do agredido ao paroxismo. O fogo dava-lhes, ademais, uma notória ajuda nessa guerra psicológica: ao mesmo tempo arma ofensiva e defensiva, que semeava o pânico e engendrava o terror, não perdoava ali onde as moradias ou os calçamentos de rua eram de madeira, os tetos muito baixos ou de palha, as casas próximas umas das outras ao longo de passagens estreitas. Propagando-o, os agressores se desembaraçavam de pelo menos uma parte de seus adversários ou perseguidores; a pilhagem e a esquiva subseqüente, o desmantelamento das fortificações de madeira e o assalto da *civitas* ou do *monasterium*, a retirada exigida pelo transbordamento adverso, tornavam-se mais fáceis. No já citado cerco de Paris, os vikings utilizaram-no muitas vezes. A 27 de novembro de 885, por exemplo, para dominar a cidade que não conseguiam assaltar, tentaram desentocar os sitiados queimando a porta e o estuque da torre, nó da resistência; arrumaram, junto à porta, montes de madeira, aos quais atearam fogo; a torre foi imediatamente envolta numa espessa fumaça e, durante uma hora, ficou invisível; mas o vento mudou de direção e empurrou a fumaça contra os que a tinham provocado. A 2 de fevereiro de 886, lançaram barcos incendiados contra a ponte, outro ponto nevrálgico da resistência. No dia 6 de fevereiro, novamente lançaram uma carroça cheia de feno contra a porta e depois atearam fogo. Em Saint-Omer, em 891, foram vistos recorrendo aos mesmos artifícios: empilharam nos fossos galhos e feno secos, para atear-lhes fogo e tentar desse modo incendiar a muralha e desentocar seus defensores com a fumaça.

Em seus itinerários de razia, aliás, os saqueadores cuidavam de provocar regularmente incêndios, sempre que as circunstâncias o permitiam: aqui numa granja, ali num celeiro, lá num claustro ou numa igreja. Contavam com o terror e o pânico suscitados pelos braseiros, para "colocar as populações em condição", convencer os que hesitavam a pagar o tributo e punir os renitentes por sua recusa. Em 857, incendiaram o celeiro da abadia de Saint-Germain-des-Prés — em represália por não terem feito nenhuma boa presa —, enquanto que, na própria Paris, queimaram todos os santuários que não puderam ou não quiseram pagar o resgate exigido[17]. "Assim avisados", escreve Aimoin[18], "todas as abadias se emendaram daí em diante, para não serem vítimas dos incêndios que os invasores ameaçavam atear."

Sua destreza em brincar com os obstáculos e superar as barragens mais difíceis, sua astúcia para surpreender, sua habilidade para suscitar o pânico tiveram como resultado mistificar as vítimas francas. Uma das centenas de testemunhas disso foi o refinadíssimo Loup, abade de Ferrières, que ficou como que paralisado, a ponto de não ousar mais correr o menor risco. "Dos normandos", estimava ele, "pode-se esperar qualquer coisa." Certamente, seria para eles difícil chegar até Ferrières; todos estavam convencidos disso, e o abade de Tours escrevera a Loup para lhe confiar o tesouro de seu mosteiro. "Não é de admirar", respondeu-lhe o prelado solicitado[19],

que Vossa Grandeza tenha pensado poder nos confiar a guarda de seu tesouro com toda segurança, pois a situação de nossa abadia não vos era conhecida. Pois se a tivésseis conhecido, não apenas não nos teríeis confiado esse tesouro por muito tempo: não o teríes sequer enviado por três dias. E, com efeito, embora a vinda dos piratas para cá pareça difícil – mas para eles, atualmente, por culpa dos pecados que expiamos, não há nada, por mais distante que esteja, que não esteja próximo, e nada, por mais difícil que seja, que lhes seja impraticável –, uma vez que a fraqueza de nosso mosteiro e o número reduzido dos homens que seriam capazes de resistir-lhes inflamam a avidez dos ladrões, considerando sobretudo que eles podem, protegidos pelas florestas, chegar de improviso sem encontrar pela frente qualquer fortificação, qualquer tropa e, embrenhando-se nas florestas vizinhas, fugir e se dispersar de tal forma que seguramente se apoderariam do dinheiro e fatigariam em vão aqueles que se lançassem em seu encalço.

17. *Ann. Bertiniani, anno 857.*
18. Aimoin, l. II, cap. 10.
19. Carta 90, ed. Levillain, pp. 90 e ss.

Capítulo II

O que Eles Vinham Fazer?

É difícil fazer uma idéia aproximada do psiquismo e das motivações dos normandos, pois seria um erro tomar ao pé da letra o que deles dizem clérigos que, aterrorizados e em pânico, os acusam de agir por vingança, para desforrar-se das afrontas que Carlos Magno lhes teria infligido, nas campanhas nas fronteiras dinamarquesas; por ódio da Igreja, porque eram pagãos; por gosto pelo mal, pois eram filhos das Trevas. Confiar nessas interpretações seria o mesmo que substituir a realidade por uma projeção psicológica reveladora apenas do espírito e do estado mental dos adversários e das vítimas dos agressores. "O clichê herdado dos clérigos dos séculos IX e X, escreve L. Musset[1], o dos piratas em estado puro, sem outra lei que não as do assassinato e da mais desenfreada barbárie, deve ser rejeitado."

I. Pelo ouro e pela prata

Àquele que observa os normandos, se possível desde o seu desembarque, e nota claramente as atividades intermediárias

---

1. *Les Invasions,* II, p. 214.

entre a chegada e a partida de uma expedição num lugar preciso – tomada de contato com a autoridade ou com o habitante; tratativas entre as duas partes, o agressor e o agredido; comportamentos recíprocos, em função do resultado das negociações –, uma evidência se impõe. Qualquer que fosse seu objetivo – uma abadia, uma cidade ou toda uma região –, os normandos desembarcavam para conseguir ouro e prata, ou o que podia indiretamente equivaler-lhes, escravos, gado, uma ou outra peça de butim, ou o enfeudamento de uma região costeira que tivesse um certo tráfico comercial: a Frísia em 852 e 880 especialmente, e depois, no final das campanhas da primeira onda, a Normandia.

Ei-los, por exemplo, ocupando Paris, em 845. Mas Carlos o Calvo ofereceu-lhes pagamento por sua partida: eles receberiam 7 mil libras em dinheiro. "Invocando seus deuses e os objetos que acreditavam protegê-los", lemos nos *Miracula S. Germani*[2], "juraram não penetrar mais no reino." Voltaram, portanto, para o mar, assim que o tributo lhes foi pago, sem dúvida no fim da primavera do mesmo ano. Eis, por outro lado, Rodolfo, no comando de um bando, desembarcando na Frísia, em 873: ele mandou dizer aos habitantes da região que eles teriam de pagar um *tributum,* sob pena de sofrer exações[3]. Vamos ainda encontrar uma expedição no vale do Sena em 876-877. Aproveitando-se das dificuldades que experimentava Carlos o Calvo com Luís o Jovem (batalha de Andernach), os normandos irromperam no rio. Carlos tentou expulsá-los, mas foi em vão; por isso pensou em pagar-lhes para que partissem. Enviou-lhes negociadores para combinar o montante do resgate, depois levantou o dinheiro necessário, sobretudo das fortunas eclesiásticas. Pagos, os normandos deixaram a região[4].

Este último caso é privilegiado, pois raramente as fases intermediárias entre a chegada e a partida de uma expedição num lugar preciso são destacadas tão claramente; com muita freqüência, temos de nos contentar, por causa de nossas testemunhas, com ver os dinamarqueses em ação nas localidades. Verifica-se então que o que faziam no âmbito do reino ou da região repetia-se no plano local. Em 837, em Dorestad,

2. Cap. 20, p. 14.
3. *Ann. Fuldenses,* ed. Kurze, p. 80.
4. *Ann. Vedastini*, ed. de Simson, p. 41.

ou em 842 em Quentovic, exigiram um tributo, depois se retiraram. Em caso de recusa, lançavam-se à represália. Geralmente provocando incêndios: em Paris, 857, atearam fogo em todas as igrejas, mas pouparam Saint-Etienne, Saint-Germaindes-Prés e Saint-Denis, mediante um grande resgate[5]. Mas sobretudo reduzindo à escravidão uma parte da população. Sabe-se de um caso detalhado, relatado pelo autor do *Libellus miraculorum S. Bertini,* em narrativa sobre a expedição normanda de 860 a Saint-Bertin. Os dinamarqueses quiseram raptar como escravo, ao mesmo tempo que outros *concaptivi* presos na região, sem dúvida, um dos monges, *iunior ac succulentior,* que não fugira com a comunidade; o pobre recusava-se obstinadamente a segui-los; depois de arrastá-lo por três milhas, decidiram executá-lo ali mesmo, como exemplo.

Parte dos francos assim capturados era enviada à frota, com o resto do butim, depois vendida num mercado de escravos nórdicos ou colocada a serviço de seus captores[6]. Outros cativos podiam evitar o exílio fazendo-se resgatar por pessoas de suas relações. O que convinha muito aos invasores que, segundo dizem os contemporâneos, passavam parte do tempo esperando uma oportunidade para capturar personalidades importantes, na esperança de obter vultuosos resgates por elas[7]. Em 858, em especial, conseguiram apoderar-se do abade de Saint-Denis, Louis, personagem importante, pois era neto de Carlos Magno por parte de mãe, desempenhava as funções de arquichanceler e ocupava um posto de primeira grandeza na corte; libertaram-no em troca de uma elevadíssima, desembolsada pela abadia de Saint-Denis, que, já em 28 de maio de 842, resgatara 68 prisioneiros por 26 libras.

O grande negócio dos agresssores não era, portanto, a guerra ou a ocupação do solo, mas a busca de numerário e de butim às custas de um continente rico, mal defendido e fácil de explorar. Desembarcavam para fazer fortuna e voltavam de fortuna feita. Este é o único denominador comum que se destaca com constância no comportamento deles. E o qual as únicas fontes contemporâneas nórdicas válidas, as inscrições rúnicas, confirmam claramente. A pedra de Gripsholm, por exemplo: "Parti-

5. *Ann. Bertiniani,* ed. Grat, p. 75.
6. *Ann. Vedastini,* ed. de Simson, p. 53.
7. Aimoin, l. II, cap. 10.

ram ousadamente para longe em busca de ouro e no Leste tornaram-se presa das águias". Ou a pedra de Ulunda: "Ele partiu cheio de coragem e adquiriu riquezas, na distante Grécia, para seu herdeiro". Ou então a pedra de Veda: "Torsten erigiu essa pedra para Erinmund, seu filho: comprou essa fazenda e ganhou essa riqueza no Leste, na Rússia."

II. Os normandos em ação nas abadias

Indicações muito sumárias, sem dúvida; gostaríamos de ter mais detalhes sobre as modalidades que cercavam essa busca de metal precioso. Só a história abacial do século IX está em condições de nos dar alguma informação.

De fato, os normandos não tiveram muita chance de agir nos mosteiros, cujos ocupantes tinham resolvido ficar. Conhecemos principalmente o caso dos monges de Saint-Denis que permaneceram no lugar em 845, aliás por solicitação expressa do rei, que os colocou sob proteção contra os ataques do invasor em troca de numerosos resgates. E também o de Saint-Wandrille, que pagou resgate em 24 de maio de 841, e de Saint-Etienne-des-Grés, de Saint-Germain-des-Prés e de Saint-Denis, que foram libertados em troca de dinheiro, no dia 28 de dezembro de 856.

A maior parte do tempo, os vikings reuniam-se em construções desertas, abandonadas pelos religiosos. Por isso não tinham qualquer dificuldade para penetrar nelas. Se precisavam agir depressa, em razão de uma ameaça sempre possível, apressavam-se a esquadrinhar febrilmente, por vezes de modo superficial, para se apoderar de tudo o que a seus olhos possuísse algum valor. Como em Saint-Bertin, a 25 de abril de 891: aí chegando, puseram-se a postos ocupando os lugares estratégicos e, enquanto o grosso da tropa mantinha os habitantes e os monges na *arx* estabelecida no alto da colina, os chefes e alguns outros furtavam na abadia tudo o que achavam de interessante. Um daqueles que rapinavam a igreja abacial resolveu retirar da grande cruz do altar os elementos decorativos que ele cobiçava, fazendo-os saltar com uma espécie de instrumento, chamado *sool*, que usavam habitualmente para fazer fogo[8].

8. *Libellus mir. S. Bertini,* cap. 10, p. 515.

A igreja abacial sobretudo lhes chamava a atenção. Era o edifício mais bem cuidado, mais ricamente ornamentado de todo o complexo monástico; era também o lugar sagrado por excelência, que não deixava, apesar do que se tem dito a respeito, de impressionar o agressor germânico. Pelo que se depreende da leitura das narrativas hagiográficas, não só contemporâneas mas também posteriores, os vikings nunca teriam penetrado impunemente neles; bastava que irrompessem ali para serem privados da visão ou de outro sentido, atingidos por cólicas mortais, submetidos a um perigoso e mortal desequilíbrio. Assim, em Saint-Germain-des-Prés, em 845, um grupo inteiro ficou cego por uma densa névoa que o impediu de dar um passo a mais no santuário[9]. Abbon relata[10] que, em fevereiro de 886, um dos "bandidos" que cercavam a cidade,

penetrando na igreja, começou a quebrar janelas com galhos de árvores. De repente, ei-lo, em seu encarniçamento, tomado por um acesso de raiva que o fez perder a cabeça e o encheu de confusão. O santo amarra-o estreitamente ao carro tenebroso das Eumênides; a morte, que persegue o infeliz, esgota-o, fazendo-o assim ir para os infernos... Um outro, escalando o alto cimo de uma torrezinha, engana-se de caminho em sua ascensão e rola pelo telhado bem escarpado do templo; seus ossos fraturam-se... Um terceiro que ali apareceu dirigiu os olhos ao vasto mausoléu do santo, e perdeu-os imediatamente, malgrado seu. Um quarto que se aproximava foi arrancado de nosso mundo lá do alto; ele se calou, logo adormecido sob os golpes da morte. Um quinto precipita-se, bem-aventurado germano, para abrir o sepulcro de teu pai; mas mal retirada a primeira pedra, vê-se golpeado no peito; uma força, funesta para ele, obriga sua alma a deixar sua morada; ela se vai a contragosto tomar sua refeição nas salas do horrível abismo.

Jamais se saberá ao certo se as coisas aconteceram como nos são descritas, nessas espécies de roteiro para histórias em quadrinhos carolíngias. É por demais evidente que nossos testemunhos agiram com a preocupação de provar que o templo reservado aos louvores divinos estava ao abrigo de qualquer corrupção terrestre. É bem provável que as punições celestes, alinhadas generosamente por nossos clérigos, tenham sido em grande parte sugeridas pelas fantasias de sua ainda muito precária sensibilidade religiosa.

9. Aimoin, l. I, cap. 9.
10. *Bella Par. Urbis*, l. I, vv. 461 e ss.

De fato, os agressores não eram de modo algum indiferentes ao caráter sagrado das igrejas francas. Vemo-los reagir de diversas maneiras. Alguns se mostraram agressivos diante das divindades do adversário. Assim, o autor dos *Miracula S. Germani*[11] conta que, em 845, um dos vikings que se introduzi-ra na igreja abacial tentou treze vezes quebrar uma coluna de mármore, ainda visível na época de Aimoin, com uma espada que nela ficou presa. A hagiografia explica esse gesto por um acesso de loucura que se apoderou do agressor, violador do espaço sagrado. Veríamos nisso, antes, um gesto de hostilidade, num germano preocupado em abater o que, a seus olhos, nada mais era que o pilar sagrado que garantia a existência humana dos antagonistas fugidos.

É verdade que os normandos nem sempre se revelavam tão agressivos, pois na hora do confronto com freqüência, opunham uma resistência bastante fraca aos avanços sedutores de um enriquecimento prodigioso. Por isso, manifestavam muitas vezes a preocupação de neutralizar o poder misterioso das divindades francas. Não é raro vê-los respeitar as igrejas, a ponto de ali fazerem oferendas e zelar para que o culto fosse mantido. Em 854, diante de Redon, renunciaram, após uma tempestade, a pilhar a abadia de Saint-Sauveur e depuseram no altar presentes destinados a obter os favores dos deuses cristãos. Em 860, os monges de Saint-Bertin, como vimos, tinham fugido, exceto quatro; foi a um desses que permaneceram que os piratas confiaram a guarda de uma oblação feita no próprio altar; como, no momento de deixar o lugar, um deles tentou sub-repticiamente apoderar-se dela, não hesitaram em mandar enforcá-lo imediatamente. Abbon relata[12], anos depois, um episódio idêntico: "tomado de veneração por São Germano, os dinamarqueses estabeleceram na abadia", durante o cerco de Paris de 885-886, "padres para ali celebrar a missa e os ofícios, e proibiram a quem quer que fosse roubar qualquer coisa; apenas um, todavia, violou a proibição, querendo levar, para colocá-lo em sua cama, um tapete pertencente à igreja"; dessa vez foi o santo que se encarregou de puni-lo gravemente.

Os normandos sacrificavam, portanto, aos deuses dos cristãos. Quando tinham a impressão de que iam incorrer em sua

11. Cap. 17, p. 15.
12. L. II, vv. 105 e ss.

cólera; para apaziguar de certa forma sua má consciência. Vários episódios, descrevendo os últimos dias da expedição ao Sena de 845, ou o cerco de Paris de 885-886, são particularmente significativos a esse respeito. No final de sua estada parisiense de 845, especialmente, julgaram-se atingidos pelos deuses adversários, na forma de uma epidemia (*pestis morborum*) que dizimava impiedosamente suas fileiras. Na própria Paris, inúmeros deles foram atingidos por ela, enquanto os francos continuavam a viver sãos e salvos[13]; o que sugere que o mal vinha de uma modificação muito radical do regime dietético dos nórdicos. Ragnar, o chefe da expedição, por sua vez, sucumbiu enquanto narrava, na corte real, suas façanhas: tomado de mal súbito, julgou-se vítima da vingança de São Germano, cujo santuário violara; por isso prometeu-lhe uma estatueta de ouro, se saísse curado da provação; mas acrescenta, não sem uma certa satisfação mesclada de predestinacionismo, o autor dos *Miracula S. Germani*: "como ele não fazia parte do rebanho de Cristo e não estava predestinado à Vida, não mereceu a obtenção daquilo que pedia", e morreu ali mesmo. O rei, cheio de medo e para evitar que a vingança das divindades francas se derramasse sobre seu povo, decidiu mandar imolar os culpados; "por isso", conta o conde saxônico Kobbon, que foi testemunha direta do drama, "todos os que voltaram de Paris, foram passados à espada".

Um outro episódio, relatado pelo autor dos *Miracula S. Richarii*[14] e que se situa na mesma época, participa do mesmo medo, das mesmas preocupações supersticiosas, de um sentimento de culpa idêntico. Um membro de um bando dinamarquês, de passagem pela abadia de Saint-Riquier, entrara na igreja abacial e demonstrara falta de respeito para com os lugares sagrados. Assim que chegou ao mar, foi acometido de uma fraqueza geral nos membros e, de volta ao acampamento de seus companheiros, parecia prestes a expirar. Seus parentes souberam ao tirar a sorte que a doença provinha da ofensa cometida na igreja de Saint-Riquier. O doente fez então um voto, que não deixa aliás de ser sugestivo para a história econômica e o entesouramento: ordenou que fossem esticados quatro fios de prata e

---

13. *Mir. S. Germani,* cap. 20, p. 14.
14. Ed. Mabillon, *AA. Ord. S. Benedicti, saec. II,* 2. ed., p. 227.

um fio de ouro (note-se a relação ouro-prata de 1 para 4), todos de seu tamanho, e que fossem enviados à basílica profanada, como sinal de sua devoção; e também que fosse colocada uma vela em cada altar; não demorou em seguida a recobrar a saúde. Não era, portanto, sem receio que os vikings penetravam nos santuários cristãos. Mas, embora lhes acontecesse, por essa razão, proceder a certas cerimônias de conciliação, não é menos evidente que o que os conduzia primordialmente às igrejas era exatamente a idéia de surrupiar uma ou outra bela peça. É verdade que tiveram raramente oportunidade de se felicitar por esse tipo de violação, pois, geralmente, os monges, ao fugir, tinham levado o esencial. Como em Saint-Germain-des-Prés, na Páscoa de 858[15]. Desde o final de 857, os religiosos do subúrbio parisiense tinham se retirado com os corpos santos, o tesouro, os arquivos e a biblioteca, primeiro para Combs-la-Ville no Yères, em seguida para Esmans, no Yonne, só deixando em Paris uma vintena dos seus com o pessoal necessário à manutenção da igreja e dos edifícios do convento. Os vikings, que tinham ido para Jeufosse, na Sexta-feira santa de 858, penetraram no edifício no domingo de Páscoa, pela manhã. Avisados, de madrugada, da chegada dos dinamarqueses, os monges recusaram-se a acreditar; por isso foram surpreendidos enquanto celebravam o ofício. Tiveram tempo de fechar as portas do templo e de se abrigar em esconderijos, chamados *putei,* se acreditarmos em nossa testemunha. Os normandos só encontraram provisões para levar. Vingaram-se do revés matando alguns membros leigos da *família* monástica e ateando fogo no celeiro. Quando os piratas se retiraram, os monges saíram de seus abrigos e, ajudados pelos habitantes que acorreram em seu auxílio, puderam facilmente apagar o fogo, que poupou, mais uma vez, a basílica.

Vê-se que acontecia atearem fogo numa das construções vazias, por despeito, já que os monges haviam levado tudo. Às vezes instalavam-se ali, durante alguns dias, como em Prüm, em 882, ou por uma estação inteira, depois de transformá-las em acampamentos, como em Gand, em 879.

---

15. Aimoin, l. II, cap. 10.

Conclusões do Livro I

O *Regnum Christianorum*, um Eldorado

Enviado, em 845, por Luís o Germânico no comando de uma legação junto ao rei dinamarquês Orich, Kobbon, um conde saxônico, encontrava-se presente quando Ragnar voltou de sua expedição ao Sena; ele teve assim, esmola excepcional, oportunidade de ser testemunha ocular de uma fase significativa de uma expedição viking, a volta ao país, sobre a qual quase não se tem informações. Quatro anos depois, empreendeu uma peregrinação a Saint-Martin de Tours. De passagem por Paris, visitou a abadia de Saint-Germain-des-Prés; ali contou aos religiosos, dentre os quais se encontrava o autor dos *Miracula S. Germani*, a cena na qual se envolvera quando de sua embaixada dinamarquesa[1].

Assim que desembarcou, Ragnar apresentou-se portanto à corte do rei. Ao soberano, aos notáveis do reino e aos estrangeiros de passagem, mostrou o ouro e a prata que trazia da França. Depois, contou que tinha se apoderado de Paris, que entrara na abadia de Saint-Germain-des-Prés, e que submetera o reino todo do rei Carlos. Diante de Orich, cético, apresentou suas provas: uma peça do madeiramento da igreja abacial *(trabes)* e uma fe-

---

1. Cap. 30, p. 16.

chadura da porta da cidade *(seram portae Parysiacae urbis)*. Depois elogiou as abundantes riquezas das regiões percorridas e a facilidade desconcertante com que qualquer um podia apoderar-se delas: nunca, em sua vida, vira terras tão férteis e ricas; nunca vira povo tão medroso e covarde.

Este episódio significativo dá uma idéia extraordinária tanto das imagens continentais que se propunham aos dinamarqueses, como da maneira como percorriam a pirâmide social dinamarquesa. Embaixo, todos os sobreviventes da expedição, que passavam as longas noites de inverno nórdico a mostrar seu butim e a narrar, na *langhallr,* as aventuras que tinham vivido entre os francos. No alto, o chefe da empresa que prestava contas de seu périplo ao rei, à corte, em presença dos dignitários e dos estrangeiros de passagem: aos olhos de todo um mundo importante e influente, exibia seus tesouros e troféus, narrava e comentava suas proezas embriagadoras. Pode-se imaginar com que rapidez e eficácia se difundiam e repercutiam essas imagens de um reino cristão, terra fértil e regurgitante de riquezas, Eldorado ou Peru *avant la lettre,* ao alcance daquele que, mediante coragem e audácia, nele pusesse a mão.

Assim, entre as populações dinamarquesas, crescia e se espalhava, alimentada por palavras aladas dos gloriosos "conquistadores", a irresistível atração por um Ocidente paradisíaco, acessível aos homens valentes.

Livro II

Os Francos

Aquele que, mudando de campo para observar tão objetivamente quanto possível o fenômeno de agressão, deixa os agressores para se unir aos agredidos, constata que estes reagiam geralmente em dois tempos. Primeiro, como que traumatizados pela subitaneidade e a brutalidade do acontecimento, os francos suportam passivamente as incursões nórdicas; em seguida, tomando consciência, geralmente graças a uma geração nova de responsáveis e de quadros, da necessidade e da possibilidade de organizar uma resistência eficaz, partem para disposições defensivas que terminarão por impedir o acesso às riquezas e aos butins cobiçados pelos normandos.

Essas duas fases não recobrem necessariamente em toda parte as mesmas faixas cronológicas: seus inícios e seus termos não coincidem, ou raramente isso acontece, no plano das datas e dos lugares; apenas sua sucessão é sempre idêntica: a uma atitude passiva sucede uma reação ativa, segundo modalidades e processos condicionados por dados geográficos, políticos e mentais que cabe agora examinar.

Capítulo I

Uma Primeira Fase Passiva:
*Nemine Resistente**

"Assim pois", escreve Ermentaire, monge de Noirmoutier[1], "mortos de medo e divididos entre si, o que tinham de defender pelas armas resgataram por tributos, e o reino dos cristãos, dei-xaram-no ir por água abaixo". De fato, durante a primeira fase das incursões normandas, nem os quadros administrativos, nem os responsáveis religiosos, nem muito menos os monges se preocuparam seriamente com deter o agressor.

I. A desistência dos quadros: os tributos

A começar por aqueles que deveriam particularmente ter se empenhado em se opor ao inimigo:

Face ao perigo escandinavo [escreve L. Musset[2]], os quadros da sociedade carolíngia, mais ainda que a realeza, muitas vezes incriminada, mostraram-se es-candalosamente aquém de sua obrigação. Em vez de organizar a resistência no

---

* "Ninguém resiste" (N. da T.).
1. Ver, *infra,* Documentos, n.1, p. 89.
2. *Les Invasions,* II, p. 218.

local, resignaram-se, com demasiada facilidade, a ver regiões inteiras abandonadas por seus condes e bispos, deixando a descoberto a massa das populações e os estabelecimentos monásticos.

"Em vez de combater os normandos", observa, indignado, o monge Aimoin[3], a propósito da campanha de 845, "eles fogem... e as autoridades da região (parisiense) revelaram-se a tal ponto moles e tímidas, que se recusaram a atacar o agressor e obrigaram Carlos a pagar sua partida". Ao rei, abandonado pelos seus e entregue a si mesmo, só restava abandonar a empresa e comprar uma trégua ou uma segurança, aliás provisórias, por um tributo, um *Danegeld.*

Conhece-se uma dezena de *Danegeld* pelo reino franco: aqueles arrecadados especialmente em 845, 853, 860/861, 862, 866, 877, 884, 889, 897, 923/924 e 926. O de 845 somava 7 mil libras; o de 861, 5 mil; o de 862, 6 mil; o de 866, 4 mil; o de 877, 5 mil; o de 884, 12 mil. Ou seja, um total de 39 mil libras, que provavelmente representa apenas a metade, se não um terço do total levantado durante o século IX e o início do século X. Nem sempre estamos bem informados sobre a maneira como o rei se havia para reunir essas somas. A unidade de imposto mais ordinária e a mais comum era o *mansus;* unidades menos importantes foram taxadas apenas uma vez, em 866; mas também aconteceu de taxarem todos os tipos de propriedades e de rendimentos, ou exclusivamente os da Igreja. Para reunir, por exemplo, a soma de 4 mil libras, que fora prometida em 866 aos normandos do Sena, Carlos o Calvo dirigiu-se aos *pagi* ribeirinhos; do *manse ingenuile* exigiu seis dinheiros; do *servile,* três; do *accole,* um; de cada grupo de *hostises,* um; os comerciantes tiveram de depositar um décimo de seus bens; os padres foram taxados de acordo com suas posses; de todos os homens francos se exigiriam *herbans;* em seguida, seria tirado de cada *manse,* tanto *ingenuile* quanto *servile,* um dinheiro; todos os notáveis do reino deveriam por duas vezes saldar um imposto sobre seus *honores,* um imposto em dinheiro ou em vinho, na medida dos normandos; os servos raptados pelos vikings e que fugiram depois do tratado seriam restituídos ou resgatados, como bem entendêssem os agressores; quanto aos dos escandinavos condenados à morte, seriam resgatados pelo preço fixado por seus compatriotas.

3. L. I, cap. I.

F. Lot[4] sublinhou como as indicações relativas ao levante de 877, cujas modalidades são reproduzidas nos *Textos,* mostram que "desde o reino de Carlos o Calvo, o soberano só pode contar com seus vassalos ou beneficiários. Apenas eles o servem efetivamente na guerra, apenas eles, nos períodos de crise, o ajudam pecuniariamente". Por sua vez, "apenas a propriedade fundiária dos beneficiários pagou o tributo. Os alódios dos homens livres não engajados nas ligações da vassalagem ou do serviço público não pagaram, ou pelo menos sua contribuição não está incluída na soma de 5 mil libras em dinheiro". Enfim,

os *honores* que suportaram a carga do tributo são as terras dos mosteiros concedidas em benefício pelo rei a seus fiéis tanto leigos quanto eclesiásticos. E como, por outro lado, o clero dos campos e das cidades contribuiu por cabeça de padre e os tesouros dos bispados foram postos em contribuição, vemos que somente ou quase somente a Igreja foi atingida na quitação do tributo de 877.

As terras da Igreja, em 877 mas também em muitas outras oportunidades, suportaram quase sozinhas o pagamento do tributo. Compreende-se, conseqüentemente, por que os eclesiásticos se opuseram na medida do possível a essas retiradas de dinheiro, que foram concedidas facilmente em boa parte porque seus bens cobriam quase que por inteiro as custas. Compreende-se também as razões que os levaram a criticar incessantemente e a reprovar, sobretudo em seus escritos, o procedimento de composição baseado no pagamento de um tributo. Hincmar, o arcebispo de Reims, numa carta dirigida a Luís o Gago, quando de seu advento ao poder em 877, estipulava entre os deveres do novo rei não mais recorrer a ele: "É preciso", estimava ele[5],

que este povo infeliz que, já há vários anos, vem sendo afligido por depredações diversas e contínuas e por impostos levantados para comprar a partida dos normandos, é preciso que obtenha certa melhora em sua situação; é preciso que a justiça, que está como que morta entre nós, volte à vida, a fim de que Deus nos dê coragem contra os pagãos; pois, há vários anos, ninguém mais se defende neste reino, mas paga-se, resgata-se; por isso, não só os homens estão empobrecidos, mas as igrejas, outrora ricas, estão arruinadas.

Com freqüência, menos explícitos que o prelado de Reims, os analistas e cronistas contemporâneos não deixam também de

4. *Le Tribut aux Normands.*
5. Ed. Migne, *P. L.,* t. 125, col. 983 e ss.

proferir unanimemente seu desprezo pelas autoridades que se compõem com o invasor, por um ou outro desses incisos com os quais recheiam a menção lapidar do acordo. Como Méginhard ao narrar brevemente as tratativas de *Ascloa* em 882, nos *Annales Fuldenses*[6]; ali, acusa Carlos o Gordo, que negocia com os chefes normandos sitiados com vistas a escapar de uma situação difícil, de tratar os piores inimigos da Igreja à maneira do rei Achab *(more achabico)*. Esta censura adquire todo o seu significado, e o desdém do analista emana plenamente quando nos reportamos ao texto bíblico, o *Livro dos Reis*, que narra os gestos do rei de Israel: um profeta vem repreender Achab, que poupara a vida do vencido, o rei sírio Benadad, e fizera uma aliança com ele; acusa-o de ter desobedecido à ordem expressa de Deus ao não exterminar o adversário.

Compreendemos ainda melhor esse mau-humor pelo fato de a eficácia do pagamento do *Danegel* ter sido praticamente nula enquanto procedimento de eliminação das agressões. Longe de deter as incursões, o tributo continha em si mesmo um efeito cumulativo que só podia aumentar a confusão das vítimas e a cupidez dos agressores. Escreve M. Bloch[7]:

> Era da natureza desse tipo de resgate, servir de isca sempre renovada e, portanto, repetir-se quase sem fim. Como era a seus súditos e, sobretudo, a suas igrejas que os príncipes deviam reclamar as somas necessárias, toda uma drenagem se estabelecia finalmente das economias ocidentais para as economias escandinavas.

O procedimento foi também nefasto no plano mental: "os cristãos instalaram-se numa frouxidão da qual só saíam quando o inimigo se tornava demasiado atroz ou profanatório. Sua grande idéia foi comprar tréguas; eles pagaram", conclui L. Musset[8], "e foram esmagados".

II. O pânico dos clérigos: a fuga

Se os quadros se revelaram frouxos e passivos, os homens da Igreja, principalmente os religiosos, foram francamente

6. Ed. Kurze, p. 98.
7. *Soc. féodale*, I, p. 33.
8. *Les Invasions*, II. 9. Ed. Perels, em *M. G. H.*, *Epist.*, t. 6, *Aevi carol.*, t.

ultrapassados pelos acontecimentos; deixaram-se tomar pelo pânico a tal ponto que só pensavam em fugir.

A coragem de certos bispos

Bispos pediram transferência para dioceses distantes dos teatros de operação: Humfroi e Hériland de Thérouanne, por exemplo; ou Aitard de Nantes e Frotaire de Bordeaux. Padres manifestaram o desejo de se tornarem cardeais numa diocese mais tranqüila, como aquele Hunfridus que, em 859, pediu para ser transferido de Amiens para Liège.

Todavia, não nos enganemos: ao lado desses prelados e desses padres que desistiam, houve outros que permaneceram no lugar para animar a resistência. Nunca será demais dizer como certos bispos e abades, corajosos e conscientes de suas responsabilidades civis, catalisaram as forças úteis e se mobilizaram como organizadores da oposição ao invasor, reassumindo por conta própria a antiga função de *defensor civitatis;* suas opções explicam por que o episcopado teve seus mártires ainda muito mal conhecidos: Baltfridus de Bayeux, Ermenfridus de Beauvais, Immo de Noyon, Lista de Coutances, Madalbertus de Brages, Adalelmus de Sées. Certamente, o direito canônico proibia aos clérigos e aos religiosos pegar em armas e matar; Nicolau I lembrava-o ainda em 860 numa carta ao bispo de Thérouanne, Humfroi[9]. Mas em certas circunstâncias, particularmente quando o inimigo era pagão e adversário de Deus, vários abades e, sobretudo, bispos julgaram que podiam passar por cima da interdição, ainda que tivessem, posteriormente, de fazer penitência e de se lavar do sangue derramado retirando-se do mundo. Houve até guerreiros valentes, aos quais não faltou nem temperamento, nem ardor no combate, como Francon e Hartgar, bispos de Liège, cantados com lirismo pelo escocês Sedulius[10]; os bispos Bertulfe e Wala, que, associados ao conde Adalard, se opuseram em 882 a um bando que se dirigia ao Metz; Liutbert, arcebispo de Colônia, que, em 885, com o conde Henri, combateu um bando que grassava no vale mosano; Sundrold, arcebispo de Mogúncia, que, com o Conde Arnoul, mediu forças com os normandos do campo de

9. Ed. Perels, em *M. G. H.*, *Epist.*, t. 6, *Aevi carol.*, t. 4, pp. 612 e ss.
10. Ver um exemplo *infra*, Documentos, n.1, p. 89.

Louvain, em 891; Gozlin, abade de várias abadias e, desde 884, bispo de Paris, que exibiu, até sua morte, um ardor pouco comum na luta contra o invasor. Vemos ainda o abade de Corbie, Odon, a quem o prudente Loup de Ferrières não cessava de recomendar prudência e circunspecção no combate. "Tenho a vosso respeito grandes preocupações", escrevia-lhe em agosto de 859[11],

quando me lembro que costumáveis lançar-vos impensadamente sem armas em plena batalha. Por isso vos aconselho com toda minha amistosa devoção que vos empenheis em fixar o terreno de vossas tropas, a única coisa que é conveniente em vossa posição, e que deixeis os homens de armas cumprir seu dever com seus instrumentos de combate; pois aquele que por suas sábias decisões prevê de modo competente para si e para os outros é também muito útil. Conservai-vos, portanto, em vosso mosteiro, conservai-vos para vossos amigos, conservai-vos para todas as pessoas de bem, e não façais o que muitos como eu deplorariam.

Palavras de prudência, que testemunham tanto o zelo caloroso do abade de Corbie em aniquilar o invasor, como a altiva reserva do abade de Ferrières que, manifestamente, se sentia melhor na pele de um homem da retaguarda.

As ondas de pânico

Loup não foi aliás o único de sua classe e de sua ordem a adotar esse abstencionismo e a optar pela melhor parte, aquela em que, afastados das linhas, os alfabetizados tinham tempo de sobra para fazer a infantaria se esfalfar. Muitos, se não a maioria dos religiosos, pensavam e agiam no sentido de suas diretivas. Basta tentar fazer uma lista das fugas e dos exílios monásticos para nos convencermos disso. A relação se estende rapidamente mesmo quando constatamos que o terreno mal se delineia e que seria preciso que nos empenhássemos séria e demoradamente em deslindá-lo. Impressão absolutamente idêntica se, enquanto esperamos essas investigações, resolvermos delimitar a realidade de um outro prisma, o de alguns casos individuais particularmente sugestivos. Basta percorrer uma ou outra correspondência de monge ou de abade. Retomemos, por exemplo, a do abade de Ferrières, da qual se conservou uma centena de cartas;

---

11. Carta 106 da ed. Levillain.

apenas nos anos 861 e 862, três missivas de Loup revelam sua obsessão e seu medo dos normandos, que agiam em pequenos bandos na Brie, bastante longe, como podemos ver, de seu Gâtinais: ao arcebispo de Besançon (carta 114), mendiga em vão "algum asilo cujo acesso seja possível a ele e a alguns de seus irmãos"; ao abade de Saint-Germain d'Auxerre (carta 115), pede que garanta seu tesouro; do bispo de Troyes, obtém (carta 119) o domínio de Aix-en-Othe.

O exame de algumas dezenas de casos concretos de fuga é ainda mais sugestivo e deixa entrever a possibilidade de traçar as ondas, cada vez maiores e estreitas, do medo e da confusão dos meios religiosos. Tomemos, por exemplo, os casos bem conhecidos de Saint-Martin de Tours e de Saint-Maixent. Os cônegos de Tours, que guardavam o corpo de São Martinho, tiveram um primeiro alerta em 853; o corpo foi enviado a Cormery, bem perto de Tours, e o tesouro para Orléans; pretendiam alcançar Ferrières, mas o perigo passou e eles voltaram. Em 862 e 869, os cônegos conseguiram refúgios em Léré, no Berry, e em Marsat, no Auvergne; não se sabe se foram para lá, mas, em 877, chegavam a Chablis, em Tonnerrois, e sem dúvida a Auxerre. Em 878, voltaram a Tours e não se mudaram mais. No último ataque normando, em 903, encerraram-se nas muralhas da cidade: a consolidação das muralhas punha termo definitivamente ao período das fugas.

As evasões dos monges de Saint-Maixent foram um pouco diferentes. Partiram uma primeira vez, por volta de 860, para Ebreuil, perto de Gannat. Retornando depressa a Poitou, tornaram a partir quase imediatamente para a Bretanha, onde o rei Salomão os albergou em Plélan-le-Grand, em 869. No início do século X, esboçaram uma volta, mas foram detidos pela ameaça de um reide normando no Loire; atingiram então Condé-sur-Beuvron, perto de Blois, depois, cerca de 911-921, a Borgonha; em 924, ousaram voltar a Poitiers, e finalmente, antes de 942, ao seu ponto de partida. Entrementes, deixaram em Ebreuil uma notável coleção de suas relíquias, e os monges poitevinos da primeira partida foram em sua maioria substituídos por bretões.

"Durante duas gerações", observa L. Musset[12], "encontram-se monges em todas as estradas, correndo ao menor alarme para direções muitas vezes contrárias." A evasão e o exílio

12. *Les Invasions,* II, p. 220.

serão por décadas seu destino habitual; suas partidas e voltas serão doravante reguladas pelo ritmo dos desembarques e embarques dinamarqueses.

Os preparativos para a evasão

Na primavera de 845, os beneditinos de Saint-Germain-des-Prés estavam inquietos: já por diversas vezes, emissários haviam lhes advertido que os normandos não tardariam a alcançar Paris. O que fazer? O rei Carlos estava ausente; o abade Ebroin comandava uma missão na Aquitânia. Não havia, portanto, ninguém para organizar sua defesa. Interrogaram seu bispo e os *boni homines* do lugar, que os aconselharam a desterrar as relíquias do patrono e esvaziar o mobiliário da abadia[13]. Os monges desmontaram o mausoléu de São Germano e, depois, escavaram a terra para exumar os ossos. Pode-se imaginar sua emoção quando descobriram os restos venerados. O *custos* da igreja e um membro da comunidade, reputados como virtuosos, retiraram-nos, enrolaram-nos num lençol, encerraram-nos num cofre que depositaram no altar principal, o de Santo Estêvão, em volta do qual estavam reunidos, em círculo, os irmãos da comunidade. Durante todo o resto do dia e durante a noite, carregaram as peças de valor do mausoléu, o mobiliário monástico e o tesouro para barcos ancorados ao longo do Sena. No dia seguinte, parte da comunidade conduziu esses *supellectilia* até Combs, enquanto outra parte garantia a guarda junto ao corpo de Germano, que permanecera na abadia. Finalmente, quando toda mudança fora feita, transportaram igualmente as relíquias nos ombros, com a devida reverência aos preciosos restos.

Fugir implicava, como vemos, uma série de iniciativas e de procedimentos que, desde a arrumação e a exumação dos ossos até a mudança e a instalação no lugar escolhido para o exílio, submetiam a comunidade a uma tensão nervosa contínua. Cada gesto feito, desde a elevação das relíquias até a volta do exílio, era envolto numa atmosfera dramática, de angústia e de medo, mas também de atenção aos menores sinais de manifestação da *virtus* e da presença reconfortante e tranqüilizadora do patrono. Quando da exumação, espreitava-se o mínimo detalhe: chamas de velas que se apagavam e se reacendiam por si mesmas sob o

---

13. *Mir. S. Germani,* cap. 5, p. 11.

efeito de uma graça particular; raios de luar que aclaravam a igreja onde repousava o santo como em pleno dia; sonhos premonitórios da partida que certos confrades, geralmente os mais idosos, não podiam deixar de ter. Durante a transferência, tanto na ida como na volta, todos estavam atentos às curas de doentes, na maior parte das vezes psicossomáticas: mudos, cegos, encolhidos, histéricos que, chocados com o estranho ambiente, recobravam o uso de um sentido perdido ou de um membro atrofiado. Em suma, os monges estavam constantemente alerta para detectar o menor indício, tornando-se, nesse contexto, o mais insignificante e anódino dos fatos uma manifestação do santo e um pretexto para louvores e ações de graça. Cada instante era daí em diante carregado de intensa emoção: os ossos do santo patrono, que ninguém vira diretamente, estavam doravante em contato direto com os que os protegiam. O ar tornava-se como que carregado do miraculoso, e gestos que, no dia anterior, pareciam impossíveis, realizavam-se agora da maneira mais natural; o milagre entrava no cotidiano.

Uma vez desterradas as relíquias, as pessoas se comportavam de maneira diversa, conforme a fuga pudesse ser feita com calma ou, ao contrário, efetuar-se com precipitação. No primeiro caso, procurava-se evacuar o mobiliário e o tesouro, ao mesmo tempo que as relíquias e a comunidade. Assim, a partir de 819, os monges de Saint-Philibert de Noirmoutier transportaram todos os anos, no início da primavera, ossos e mobiliário a Dées, à beira do lago de Grand-Lieu. Acontecia, todavia, que o tesouro (os ornamentos, os vasos sagrados, os relicários em metal precioso, os manuscritos e os arquivos) e o mobiliário eram postos em segurança em lugares que não eram necessariamente aqueles para onde a comunidade pretendia se retirar; foi o caso, por exemplo, do tesouro de Aix-la-Chapelle, que foi guardado em Stavelot, e do de Saint-Martin de Tours, em Orléans.

Em caso de evasão inopinada e precipitada, em razão da suposta chegada iminente dos normandos, os monges só levavam o essencial, contanto que fosse transportável: as relíquias, certamente, e um ou outro elemento do tesouro, abandonando no lugar as peças muito pesadas e embaraçosas, os velhos que poderiam entravar a evasão, e os candidatos ao martírio. Assim, em Saint-Bertin em 860, quatro monges permaneceram no lugar, enquanto Woradus, *tunc iam decrepitus,* não pôde ou não quis acompanhar a comunidade. Também em Saint-Bertin, mas desta vez em 891, os monges não tinham posto ao abrigo do *arx*, apesar de muito próximo, onde eles se refugiaram, a cruz de altar da igreja abacial, sem dúvida porque não era de metal precioso; os normandos também a julgaram pouco valiosa, pois um deles contentou-se em retirar-lhe os enfeites mais preciosos, sem dúvida os vidrilhos, com um instrumento contundente[14].

Nos caminhos da evasão

Chegado o momento da evasão, a comunidade punha-se a caminho com suas relíquias: em curtas etapas, alcançava seu refúgio. Em 836, os monges de Saint-Philibert, que não eram especialmente apressados, fizeram cerca de setenta quilômetros em cinco dias. A 7 de junho, passaram o dia a tirar da igreja o corpo, em seu pesado ataúde de mármore, a embarcá-lo e depois a transportá-lo para terra firme. No dia seguinte, o sarcófago, carregado numa sólida maca, foi transportado até o domínio de Ampan (atualmente moinho da comuna de Beauvoir-sur-Mer), situado a quatro quilômetros da costa. A 9 de junho, os carregadores repousaram. No dia 10, dirigiram-se a Varenne, fizeram a sesta na igreja, depois andaram até Paulx, onde passaram a noite sob a tenda. A 11 de junho, enfim, ao chegar a Dées, depositaram as relíquias no centro da igreja.

Os monges de Stavelot fizeram uma evasão mais movimentada. Estavam em dezembro de 881, e fazia um frio de rachar, quando, ao cair da noite, souberam por um fugitivo perseguido pelos normandos que o perigo era iminente. Apressaram-se a tomar a estrada, pela floresta, na direção sudoeste. Depois de alguns quilômetros de uma marcha febril e extenuante, pararam para tomar fôlego no alto de uma colina próxima, certamente em Wanne; ali, avistaram uma luz, sob a forma de uma coluna de fogo, descendo aparentemente do céu, e que lhes pareceu de origem miraculosa. A parada prolongou-se por uma boa hora, depois se puseram novamente a caminho. Chegaram finalmente ao condado de Porcien; foi ali, em sua *villa* de Brogny, que decidiram esperar o evoluir dos acontecimentos.

Como os monges de Noirmoutier e de Stavelot, muitos outros religiosos optaram pelo afastamento em uma de suas *villae*

14. Ver o *Libellus mir. S. Bertini.*

situadas em zonas consideradas seguras. Os de Saint-Vaast, em dezembro de 879, escolheram Vaux, *in villa sua;* os de Saint-Bavon, seu domínio do Laonnais; os de Saint-Martin de Tours, em 853, sua *cella* de Cormery; os de Saint-Denis, em 859, Nogent-en-Morvois, *in villam sui juris;* os de Sainte-Geneviève de Paris, em 857, seu domínio de Marisy. Em suma, como escreve Aimoin em seus *Miracula S. Germani*[15], transportaram os santos para suas propriedades.

Algumas vezes os fugitivos retiravam-se para domínios que lhes foram dados pelos grandes do reino ou pelos bispos de sua diocese, para servir-lhes precisamente de asilo durante a tormenta. Assim, os diversos lugares de exílio onde se refugiaram os beneditinos de Noirmoutier, depois de sua partida de Dées e antes de sua instalação definitiva em Tournus, eram outras tantas propriedades que lhes foram concedidas para essa finalidade pelo rei ou pelo conde: o mosteiro de Cunauld veio-lhes do conde Vivien, em 845; Messay, de Carlos o Calvo, assim como a abadia de Saint-Pourçain em Auvergne e o mosteiro de Saint-Valérien de Tournus. Foi também Carlos o Calvo quem deu aos monges de Saint-Denis o domínio de Marnay-sur-Seine como abrigo.

O estabelecimento de mapas dos lugares escolhidos para exílio não deixa de ser interessante; permite especialmente delimitar zonas de segurança, consideradas protegidas contra os invasores; mas antes seria preciso estudar melhor todos os casos conhecidos. Enquanto se espera essa pesquisa, é preciso operar por sondagens. Aquelas efetuadas recentemente destacam algumas regiões particularmente propícias aos exilados. A leste da Bélgica ficava a região de Liège, a Thudinie e as Ardennes; a oeste, alguns centros fortificados situados para lá das colinas do Artois, Laon e Beauvais, por exemplo. À Borgonha chegava-se de toda parte: de Tours, de Noirmoutier, de Montier-en-Der, de Saint-Maur-sur-Loire, de Saint-Nivant-en-Poitou. À Auvergne viram-se chegar de cambulhada os cônegos de Saint-Martin de Tours e de Vertou, os monges de Saint-Maixent, de Saint-Lomer de Blois, de Charroux, de Noirmoutier.

Uma atenta observação dos casos conhecidos permite assistir à "progressão das ondas de pânico e de outras, com freqüên-

---

15. L. II, cap. 5.

cia menos justificadas, de volta à confiança"[16]. Pode-se também constatar que houve alguma evolução na noção de refúgio: somente no início os fugitivos tentaram colocar a maior distância possível entre o refúgio e o invasor; quando tomaram consciência do alcance real de uma expedição normanda, preferiram fugir para um local defensivo mais próximo e sem dúvida igualmente seguro. As ondas de pânico, portanto, teriam se estreitado progressivamente.

O exílio

Temos poucas informações sobre a vida no exílio. Em geral, devemos nos contentar com avaliar sua duração, o que não deixa, aliás, de ser significativo. Os monges de Saint-Germaindes-Prés, em 846, deram graças aos céus pelo retorno, depois de catorze meses de ausência[17]. Os de Saint-Bertin, em 860, manifestaram igualmente a impressão de não terem vivido muito tempo distantes de seu mosteiro, e o autor do *Libellus miraculorum S. Bertini* assinala a alegria que tiveram em reencontrar seus penates[18]. Os de Stavelot partiram no dia 6 de dezembro de 881, para voltar, se não em novembro, pelo menos em tempo de festejar o Natal de 882; tiveram até tempo para esperar que os edifícios em mau estado fossem restaurados. Os de Saint-Vaast fugiram uma primeira vez em dezembro de 879; uma segunda vez, no dia 21 de novembro seguinte; e uma terceira, a 5 de janeiro de 881. Poder-se-iam alinhar dezenas de casos análogos, provando que os monges não se exilavam mais que um ano.

O exílio era, portanto, muitas vezes breve, e o célebre caso das peregrinações dos monges de Noirmoutier, que erraram pela Gália, de refúgio em refúgio, durante mais de quarenta anos antes de se fixarem definitivamente em Tournus, em 875, é mais excepcional do que representativo. Isso porque, em geral, os religiosos não se ausentaram mais do que o tempo necessário aos normandos para subjugar uma região ou para passar a má estação.

---

16. L. Musset, *Les Invasions,* II, p. 220.
17. *Mir. S. Germani,* cap. 21, p. 15.
18. Cap. I, p. 510, l. 28-29.

A volta

Um mensageiro vinha anunciar a libertação. O agressor tinha ido embora; a Vingança divina estava portanto satisfeita; as súplicas e as preces, os sofrimentos e as privações dos exilados tinham contribuído eficazmente para o apaziguamento da Cólera divina. A volta iniciava-se assim com o sentimento de alívio, de alegria e de esperança. Os relatos que a descrevem, eivados de emoção e de exaltação, constituem os mais belos trechos literários da época: cantos entusiastas de tantas voltas à terra prometida, de onde emana uma impressão de alegria na confiança readquirida.

Uma equipe já fora despachada para reparar rapidamente os sítios: restauração dos telhados, reconstrução de uma ou outra ala, remobiliamento sumário. Eis agora o resto da comunidade a caminho da volta[19]: o pequeno grupo, carregando as relíquias veneráveis e precedido de velas acesas, engrossava à medida que se aproximava de seu território familiar. Acolhido no limite do domínio pelos irmãos que haviam partido antes dele, entrava na abadia, penetrava na igreja ao canto do *Kyrie,* do *Gloria,* do *Deo gratias,* e depois, do *Te Deum.* Uma vez depositadas no altar principal as relíquias, o abade ou bispo do lugar pronunciava um sermão exaltando a bondade divina e a caridade do patrono. Em seguida, cantava-se a missa. Enfim, recolocavam-se as relíquias em seu lugar de repouso primitivo. Os religiosos e os fiéis da vizinhança deixavam, momentaneamente, de sentir medo.

III. A indiferença das massas

As testemunhas contemporâneas – clérigos, exclusivamente – constatam-no com uma monotonia quase hipnótica: os normandos desembarcam, retiram-se, empreendem tudo o que querem e da maneira que bem entendem, sem experimentar a menor resistência. *Nemine resistente:* as palavras reduzem-se a uma espécie de *leitmotiv* obsedante, uma censura, uma acusa-

---

19. Ler a esse respeito o *Sermo de relatione corporis B. Vedasti a Bellovaco ad proprium locum* (893), o cap. dos *Mir. S. Germani* (846), e o cap. 13 do livro II de Aimoin (863).

ção. No hagiógrafo dos *Miracula S. Germani*[20] e no cronista de Saint-Bénigne de Dijon[21]. Em Ermentaire[22] e em Abbon[23]. Em dezenas de outros também, cujos gritos desesperados, estigmatizando a apatia e a indiferença das massas francas, não se terminaria nunca de citar.

A apatia é tal que nem sequer se pensava em defender localidades que, munidas de muralhas romanas, prestavam-se a uma resistência eficaz. "Até em cidades defendidas por torres", suspira o autor da *Vita Faronis* evocando o assassinato do bispo de Noyon, em 861, "eles não são capazes de garantir a vida de seus bispos"[24]. Os muros de Chartres eram impressionantes por sua envergadura e sua robustez e, no entanto, os habitantes nem pensaram em servir-se deles para resistir ao agressor[25]. Uma listagem, aliás totalmente provisória, revela que pelo menos uma dezena de cidades providas de muralhas caíram nas mãos dos vikings durante o período compreendido entre 843 e 861: Nantes em 843; Rouen e Paris em 845; Bordeaux em 848; Périgueux em 849; Beauvais, Angers e Tours em 852; Bayeux e Evreux em 858; Noyon e Amiens em 859; Thérouanne e Melun em 861.

Os próprios agressores se espantam com tal inércia. Ragnar Lodbrok se gabará, na corte do rei Orich, de jamais ter visto, antes de desembarcar na França em 845, terras tão ricas mas também uma população tão pouco inclinada a defendê-las[26]. Durante essa primeira fase da agressão normanda, a sociedade franca está como que amordaçada e amorfa, sujeita a um fatalismo cujo equivalente teológico estaríamos tentados a buscar no predestinacionismo.

IV. As razões da passividade franca

É inútil que, para tentar penetrar nas razões do êxito dos escandinavos e da fraqueza dos francos, se procure uma explica-

---

20. Cap. 4, p. 11.
21. Ed. Bourgaud e Garnier, p. 94.
22. Ed. Poupardin, p. 62.
23. Ed. Waquet, l. I, v. 200, p. 30.
24. Ed. *M.G.H., SS. Mer.*, t. 5, p. 200.
25. *Cart. de Saint-Père*, ed. Guérard, p. 5.
26. Cap. 30, p. 16.

ção válida entre os contemporâneos: "eles levantam os braços ao céu", escreve F. Lot[27], "falam da cólera divina, mas não entendem nada sobre ela". Ao tentar suprir o silêncio ou a incompreensão deles – o que sempre é delicado –, computamos, dentre as causas dessa impotência, a incompetência dos quadros, o abstencionismo dos clérigos, a alienação das massas.

A incompetência dos quadros

A explicação da moleza e da renúncia dos quadros situa-se tanto no nível mental como no plano técnico.

A se julgar pela leitura da documentação contemporânea, chega-se muito rapidamente à constatação de que só os quadros, direta e estreitamente ligados ao rei, estão dispostos a ajudá-lo em sua campanha antiviking. Os outros, impacientes por se libertarem da autoridade central, se desinteressam por suas dificuldades, e até as exploram para firmar suas situações pessoais. Testemunho disso é o conde da Flandres, Bauduíno I, cuja correspondência com Hincmar, o chefe normando da Frísia, Rorik, e o bispo de Utrecht, Hunger, revela que ele tentou associar-se aos invasores para escapar da dependência em relação a seu rei[28]. A covardia dos súditos reais vai longe por vezes, como comprova um episódio do cerco da ilha de Oscelle, em 858. Os normandos haviam se refugiado ali no dia 1º de julho; Carlos o Calvo, que viera para sitiá-los, quis, num dado momento, tentar conquistar de assalto a fortaleza dos piratas. Participando pessoalmente da ação, desembarcou na ilha; mas nem bem pisara em terra, os que haviam permanecido nas margens do Sena debandaram e cortaram as cordas que permitiriam reconduzir o barco do soberano à margem; Carlos quase morreu, e só escapou por milagre. Esse episódio, bastante sintomático de um estado de espírito, mostra bem que a fidelidade era ainda uma débil flor que, sufocada pelo medo, mãe da traição, era mal cultivada. Os responsáveis francos revelavam-se incapazes de integrar o fenômeno das invasões nas estreitas coordenadas de suas situações pessoais; incapazes de abstração e, portanto, de uma

27. *Les Invasions,* p. 132.
28. H. Sproemberg, *Beiträge zur Belgisch-Niederlandischen Geschichte,* Berlim, 1959, p. 88.

superação de si mesmos, reduziam o soberano a defender praticamente sozinho seu reino contra os invasores.

O Estado franco não dispunha, aliás, de uma organização militar tecnicamente apta a se medir com os vikings com alguma chance de sucesso. Feito para a agressão premeditada, lento para se mover, seu exército só era bom para exportar a guerra e a agressão, no início de cada primavera, por vias de comunicação familiares aos camponeses; para se opor com eficácia e reagir facilmente aos perigos vindos de fora e, ainda por cima, pelas vias fluviais, faltava-lhe mobilidade, pois a cavalaria só era disponível nas estações em que havia abundância de forragem e, mesmo assim, após uma mobilização lenta e laboriosa. Sua defesa territorial era praticamente inexistente; a responsabilidade cabia a "terratenentes" que eram incapazes de imaginar que o perigo pudesse vir do mar e que tinham perdido até mesmo o reflexo de se servir de muralhas fortificadas, uma vez que, no auge das incursões, toleraram que se mutilassem sistematicamente as velhas fortificações romanas para reutilizar seus materiais.

O abstencionismo dos clérigos

Inaptos e não habilitados a se defender, em conseqüência da proibição anacrônica de portar armas, especialmente marcados pelo agressor em razão de suas riquezas, os eclesiásticos estavam reduzidos a se basear exclusivamente na proteção de leigos que, como vimos, permaneciam indiferentes e passivos. Assim, portanto, ao mesmo tempo os mais expostos e os mais desprovidos de meios de defesa, só lhes restava fugir e se afastar da atualidade. Tanto mais porque se obstinavam em salvaguardar um tesouro – as relíquias de seu patrono –, *omni auro arabico pretiosior*, nos termos do autor do *Sermo de relatione corporis B. Vedasti* [29]; se não as transportassem com segurança, longe de qualquer perigo normando, pensavam que corriam o risco de perdê-las para sempre. "Os religiosos de Noirmoutier", observa Ermentaire [30], "fogem por receio de que seus cruéis inimigos (os vikings) desterrem o sarcófago de São Felisberto e joguem ao

29. Ed. *M.G.H., SS.*, t. 15, p. 402, l. 40-41.
30. Ver *infra*, Documentos, n. 14, p. 97.

vento ou no mar o que ele encerra, como fizeram na Bretanha, pelo que se diz, com as relíquias de um certo santo." Receio idêntico, quarenta anos depois, entre os monges de Saint-Vaast que, consternados pelo medo e pressentindo o perigo, fogem em 880 para Beauvais[31].

Os religiosos estavam, portanto, convencidos de que só lhes restava fugir. O que correspondia bastante bem a uma estrutura mental que os havia levado a deixar o mundo e a se retirar para o convento. Nisso também as Escrituras lhes davam boa consciência. O autor do *Libellus miraculorum S. Bertini* apóia-se, para justificar a fuga dos monges de Saint-Bertin, em 860, nas palavras de Cristo a seus discípulos, relatadas por Mateus (X, 23): "Se vos perseguem numa cidade, fugi para outra". Inocentes, eles apenas têm de fugir dessa cidade de pecadores que Deus quer fustigar, até o dia em que, saciada a Vingança divina, o Céu porá fim ao castigo[32]. São Germano, segundo Aimoin[33], deixou isso claro a um monge de sua abadia parisiense que teve uma visão em 843, pouco tempo antes da campanha de Ragnar. Exilando-se, os monges tinham, aliás, consciência de assumir sua parte de redenção, tornando-se, nas palavras do autor dos *Miracula S. Germani*[34], *exules ac peregrini propriis exigentibus culpis.*

Na época, ninguém, aliás, encontrou algo a dizer nem a criticar nessa opção abstencionista dos religiosos; isso resultava de uma situação sociológica, de uma mentalidade, de temperamentos; por isso, tanto o poder central, para as casas importantes, como as autoridades locais, para as outras, envidaram todos os esforços para ordenar as retiradas indispensáveis. O desligamento dos seculares foi, em contrapartida, julgado com severidade: se o distanciamento em relação à atualidade justificava-se de certo modo para os regulares, que, em conseqüência mesmo de sua vocação e de sua situação de vida, não mais participavam do mundo, ele dificilmente se conciliava com a vocação e o dever de Estado do clero secular, em especial dos bispos. O papa Nicolau I observou-o secamente a Humfroi de Thérouanne, que solicitava permissão de deixar sua diocese, para evitar ter de

31. *Sermo de relatione,* cap. 4, p. 402.
32. Cap. 1, p. 509.
33. L. I, cap. 4.
34. Cap. 21, p. 15.

encarar o perigo normando: "Se", respondeu-lhe, "não é de modo algum permitido ao capitão abandonar seu navio durante a calmaria, quão mais culpado seria ele por fazê-lo durante a tempestade?"[35] Hincmar, em seu panfleto *Ad quendam episcopum de translationibus episcoporum contra Actardum Namnetensem*, expressava-se de modo igualmente se-vero em relação a seu colega Aitard que, em 872, queria deixar Nantes: "É contra os cânones", julgava,

passar de uma igreja a outra, sobretudo quando não há necessidade absoluta de fazê-lo; o dever de Aitard é procurar converter os numerosos pagãos que habitam na cidade; sua situação material, na pior das hipóteses, não teria absolutamente diferido da do patriarca de Jerusalém ou dos cristãos de Córdoba e de outras cidades da Espanha; tanto mais que possui fora da cidade domínios e abadias que recebe do rei. Como admitir que um eclesiástico, que não tem mulher nem filhos para sustentar, não possa viver no meio dos pagãos, a exemplo do conde da cidade que tem o encargo de uma família?[36]

Hincmar, em segurança naquele momento em sua metrópole, falava visivelmente à vontade e, de modo pouco caridoso, dava lições a seu colega; quando, quinze anos mais tarde, soube que os vikings estavam invadindo a cidade, fez-se sub-repticiamente evadir, durante a noite, numa padiola, para um domínio episcopal mais seguro!

Certamente, queixar-se das reais ou supostas vexações dos normandos servia com freqüência apenas como pretexto para certos prelados visarem uma diocese mais rica ou mais fácil de administrar: foi o caso de Frotaire de Bordeaux, candidata ao cerco de Brages; e dos bispos de Thérouanne e de Nantes, que desejavam dirigir ovelhas que tivessem um comportamento menos rude que o dos menapianos e dos bretões. É também verdade que os responsáveis implantados na hinterlândia pensavam de modo diferente daqueles que viviam cotidianamente com a idéia fixa de uma incursão possível a qualquer momento. Hincmar, quando tomava a pluma contra Aitard em 872, exprimia-se segundo a opinião daqueles que viviam na retaguarda. Do mesmo modo que os da frente haviam recorrido a eles para justificar seu desligamento, ele hauriu nos textos sa-

35. Citado, *supra*.
36. F. Lot, *La Loire, l'Aquitaine et la Seine*, p. 501, n. 5.

grados para caucionar sua oposição irredutível ao desengajamento e à fuga, citando a propósito uma passagem paulina: "O Espírito disse a Paulo que ele não devia deixar a cidade onde houvesse muita gente, mas, ao contrário, que pregasse ali incessantemente". Para ele, campeão do antipredestinacionismo e, em 872 pelo menos, os normandos não eram necessariamente pecadores condenados irremediavelmente ao inferno e à perdição eterna, como pensava a maior parte dos religiosos e dos padres expostos aos golpes escandinavos. "Quem poderia saber", exclamava, "se não há muitos desses pagãos, que moram na cidade de Nantes, que são predestinados por Deus à Vida eterna e que, conseqüentemente, poderiam ser convertidos pela pregação, pelas palavras e pelas obras?"

A alienação das massas

Só há resistência a uma agressão se o agredido se sente tocado, ameaçado naquilo que lhe parece vital; só pode haver resistência coletiva válida se cada membro da comunidade ameaçada, depois de tomar consciência do perigo que corre, puder situar eficazmente sua determinação de reagir em estruturas previstas com esse intuito. Durante as primeiras décadas das invasões normandas, nenhuma dessas duas exigências foram realizadas no reino franco; por isso, a massa mostrou-se indiferente e passiva diante dos invasores.

Para se sentirem afetadas, seria preciso que as populações francas estivessem em condições de conceber e de viver as noções abstratas de Estado e de Reino. Eram incapazes disso. Por esse motivo, quando as convidaram a se opor aos agressores do *regnum Francorum* ou do *regnum Christianorum*, não julgaram que isto lhes dissesse respeito. Ermentaire testemunha esse estado de espírito de modo pungente: *Rarus est,* escreve ele, *qui dicat: state, state, resistite, pugnate pro patria, liberis et gente*[37]. Ninguém, na massa não alfabetizada, se sentia tocado por essa linguagem que só podia repercutir junto a homens capazes, após um certo esforço de abstração, de realizar o que era um Estado ou um reino. Ninguém, na massa, enxergava além do recinto estreito de dimensões audiovisuais da vida cotidiana rural: uma abadia, uma paróquia, uma cidade, um campo no máximo; a

37. Ed. Poupardin, p. 62.

extensão de uma parentela, os limites da propriedade do amo, os contornos de uma muralha romana desaparelhada. E olhe lá. Nesse estreito quadro de um mundo de limites tribais, raros eram aqueles que estavam realmente ameaçados no que lhes era mais caro: os agressores visavam, antes de mais nada e essencialmente, os detentores de ouro e de prata; uma minoria, portanto, de eclesiásticos, sobretudo religiosos, e de grandes proprietários, que se deixaram extorquir aparentemente cercados pela indiferença geral.

Por sua vez, fugindo, as comunidades religiosas detentoras de relíquias privavam as populações francas de um sustentáculo moral e psicológico dificilmente avaliável em nossos dias. Essas ossadas, que permitiam àqueles que as possuíam e que podiam tocá-las saturar-se de poder, tinham um papel securitário de grande importância na sociedade primitiva da época. Nunca será demais enfatizar o quanto a ausência das relíquias, em conseqüência das dezenas de êxodos de comunidades monásticas, teve por efeito aumentar consideravelmente o sentimento de insegurança e de confusão das populações francas, aumentando desse modo sua incapacidade de se organizarem para a resistência.

O autor do *Sermo de relatione corporis B. Vedasti* assinala que, em decorrência da ausência provocada pela partida das relíquias de São Vaast, nada mais de bom pôde se realizar em Arras[38]. E o monge de Saint-Germain-des-Prés, autor dos *Miracula S. Germani,* descreve em termos patéticos o traumatismo provocado na população pela partida das relíquias de São Germano, em 845[39]. Carlos o Calvo, aliás, compreendeu muito bem o efeito desmoralizante do êxodo das ossadas santas, pois em 843[40] recusou-se a deixar sair de Paris os despojos de São Dinis[41].

Quando, aos defensores desencorajados da cidade de Paris, foram levadas, em 886, as relíquias de São Germano, "aquela brava gente, que estava fatigada, recobrou", nas palavras de um contemporâneo[42], "suas forças e resistiu com vigor a seus insolentes inimigos". Da mesma forma, em Tours, 903. Enquanto, precedentemente, os cônegos de Saint-Martin haviam fugido

---

38. Citado, *supra.*
39. Cap. 8, p. 12.
40. *Ibidem.*
41. Aimoin explica por quê, no l. I, cap. I.
42. Abbon, *Bella Par. Urbis,* l. II, vv. 279 e ss.

com suas relíquias – em 853 especialmente em Cormery, por volta de 877 em Chablis –, desta vez eles permaneceram na cidade, cujas fortificações tinham sido restauradas. Um contemporâneo, bem informado por uma das testemunhas populares e dignas de fé, o bispo de Utrecht, Radbod (901-918), conta que, quando os normandos chegaram para sitiar a cidade, os poucos habitantes de Tourangeaux não sabiam como resistir ao vigor do assalto. Os clérigos, entretanto, dirigiam preces suplicantes a São Martinho. Retirando seu corpo do túmulo, conduziram-no à porta da cidade, já quase arrombada. Esta visão encorajou os defensores; os normandos, ao contrário, primeiro se assustaram, depois sentiram um medo enorme, a ponto de fugirem, perseguidos pelos sitiados, que mataram mais de novecentos deles. A visão das relíquias de São Martinho subjugara e paralisara os agressores, galvanizara e decuplicara as forças dos agredidos[43].

As relíquias, como vemos, desempenhavam um papel capital no comportamento das coletividades, na época das invasões. Desenterrando-as, os religiosos desenraizavam um instrumento de poder excepcional; levando-as para o exílio, desviavam, para seu uso exclusivo, uma força que até então garantira uma certa estabilidade mental à população que vivia de sua proteção. Pensando no poder das ossadas sagradas, Ragnar, ao voltar de sua expedição de 845, confiou ao rei Orich que, entre os francos, os mortos tinham mais coragem e vontade que os vivos: *maiorem haberent mortui virtutem quam viventes*[44]. Por sua presença, as relíquias poderiam ser catalisadoras e cimentar a resistência. Levadas para longe, agravavam, por sua ausência, a confusão das populações, paralisando-as e tornando-as cada dia mais inaptas para reagir e se defender.

Se, aliás, tivessem desejado reagir, as massas teriam sido incapazes de fazê-lo. Porque lhes faltava o enquadramento. Porque não tinham prática alguma da liberdade e nenhuma coesão. Há muito tempo as autoridades centralizadoras lhes haviam confiscado toda forma de iniciativa, desde o direito de associação até o porte de armas ou a construção de lugares de refúgio. Não havia um aditamento à segunda capitular de Thionville estipu-

43. Ed. A. Salmon, *Supplément aux chroniques de Touraine*, pp. 1 e ss.
44. *Mir. S. Germani*, cap. 30, p. 16.

lando que "se um servo for encontrado manejando uma lança, ela lhe será quebrada no lombo"?[45] E em 864, no ponto mais crítico da derrocada, Carlos o Calvo, que todavia se esforçava por opor uma rede de fortalezas aos invasores, não exigia a destruição dos *castella, firmitates* e *haiae* estabelecidas sem autorização expressa?[46] Assim, ao mesmo tempo alienadas e abandonadas a si mesmas pela defecção dos quadros civis e religiosos, as massas eram reduzidas a escolher entre a abstenção e o extermínio. Os aldeões das cercanias da abadia de Prüm, em janeiro de 882, combinaram assaltar em massa os normandos, que, três dias antes, haviam se instalado no mosteiro abandonado pelos monges; ignorando os mais elementares princípios da tática militar, foram todos massacrados[47]. É muito compreensível que, nessas condições, os êmulos dos aldeões moselanos tenham sido bastante raros.

---

45. Cf. F.-L. Ganshof, "À propos de la cavalerie dans les armées de Charlemagne", em *Comptes rendus de l'Acad. Inscr. et Belles-Lettres,* 1952, pp. 532-535.

46. Capitular de Pîtres, 864, ed. Boretius, em *M.G.H., Capit.,* t. 2, p. 328.

47. Réginon, *Chronicon,* ed. Kurze, *anno* 882, p. 118.

Capítulo II

Uma Segunda Fase Ativa:
A Organização da Defesa Territorial

É nessa confusão e nessa displicência quase generalizada que, progressivamente, realizaram-se as condições mentais e materiais indispensáveis à organização de uma resistência válida. Tudo aconteceu como se fosse preciso que todas as coletividades suscetíveis de serem agredidas tivessem de passar, pelo menos uma vez, pela experiência de um golpe nórdico, antes de pensar na possibilidade e na necessidade de organizar a defesa. Assim, nas palavras de M. Bloch[1], "tendo a angústia se instalado definitivamente" e "tendo a pilhagem se tornado daí em diante um acontecimento familiar", operou-se lentamente uma reconversão geral dos hábitos e das estruturas visando à organização sistemática da segurança comum.

Essa mutação raramente se deixa observar em seus inícios, pois os contemporâneos com freqüência só a testemunharam quando ela já chegara ao final. Todavia, submetida a uma análise, parece que estava ligada a uma mudança de geração, a nova, que sucedia a antiga, traumatizada e subjugada, decidindo-se a reagir à agressão com um maior senso de responsabilidade. Tivera-se, aliás, tempo para ver o adversário em ação, por vezes até para

1. *Soc. Féodale*, I, p. 70.

tocá-lo e enfrentá-lo; a experiência da invasão secretou o antídoto na forma da organização da defesa territorial.

I. Organização da defesa territorial

À estratégia escandinava, baseada na rapidez de execução, na surpresa e nos golpes audaciosos, os francos pensaram finalmente em opor o único lance ao seu dispor: reforçar e explorar sua estaticidade; cobrir-se de uma carapaça invulnerável quando, incapazes de escapar ao agressor ou de barrar-lhe o caminho, fossem condenados a suportá-lo; transformar em vantagens táticas aquilo que o adversário até então explorara como elementos de fraqueza e de vulnerabilidade. O imobilismo tornava-se força tática, resposta eficaz, de uma eficácia que logo se revelaria vitoriosa. Levados à condição de sitiados, os normandos eram colocados diante das dificuldades que lhes eram menos familiares e que ultrapassavam singularmente suas capacidades técnicas. Mais do que a mobilidade e a rapidez de execução, o estabelecimento de um cerco fortificado exigia muitos homens e engenhos especializados para bloquear, investir, cercar, destruir e furar. Colocava-se, assim, para os vikings um problema insolúvel, pois não podiam levar consigo os efetivos e as máquinas indispensáveis.

Duas fases de organização da defesa

Engendradas pela impotência e pela pobreza dos meios, "símbolos visíveis de um grande medo"[2], mas também pontos de referência tangíveis da segurança, as muralhas fortificadas e as fortalezas, ainda muito precárias, surgiram uma a uma nos territórios ameaçados. F. Vercauteren, que as estudou numa obra notável[3], distingue dois períodos "durante os quais se conduziu, na *Francia,* uma política de construções militares e defensivas contra os normandos: o primeiro de 864 a 879; o segundo de 887 ao início do século X".

Durante o primeiro período, de 862 a 879, foi Carlos o Calvo quem tomou a iniciativa. No decorrer de várias assembléias,

2. *Ibid.,* p. 71.
3. *Comment s'est-on défendu,* citado *infra.*

esforçou-se por convencer seus quadros da necessidade de defender o reino contra o agressor. Foi sobretudo no segundo capitular de Pîtres, em junho de 864, que ele exprimiu com energia sua vontade de organizar a resistência. "Ad defensionem patriae omnes sine ulla excusatione, veniant[4]: que todos se dediquem à defesa do país; que os condes vigiem as fortalezas; que essas fortalezas sejam erguidas sem falta e sem demora e com energia." O rei, portanto, toma a iniciativa de construir fortificações. Por razões constitucionais em especial: o direito de edificar uma fortaleza era um atributo essencial do poder público; a defesa territorial era, sobretudo, obra do soberano; por isso, a segunda capitular de Pîtres, de 864, ordenou expressamente a destruição de toda fortificação construída sem sua autorização.

Carlos o Calvo, ou o círculo dele, preocupou-se com proteger principalmente a bacia de Paris, construindo pontes fortificadas e *castra.* Mandou construir cerca de meia dúzia de pontes: por ocasião da primeira assembléia de Pîtres, em junho de 862, resolveu edificá-las perto da embocadura do Eure, no Sena, em Pîtres (ou mais exatamente em Pont de l'Arche) e no Marne, em Trilbardou; por volta de 869, no Loire, no Pont-de-Cé; depois ainda em Paris (o Grand Pont), mas não se sabe exatamente em que data. Quanto aos *castra,* foi na segunda capitular de Pîtres, em junho de 864, que pediu que se continuasse a construção com diligência e sem descanso. O esforço foi feito nos vales do Sena, do Oise e do Marne, visando proteger a região parisiense. Auvers e Charenton, em 865, e Saint-Denis em 869, viram-se dotados de um *castrum;* também em 869, Carlos ordenou a restauração das muralhas de Tours e de Le Mans[5]; aproximadamente na mesma época, o bispo de Orléans restaurou os muros de sua cidade episcopal[6]. Em 877, a capitular de Kiersy assinala a conclusão próxima do *castellum* de Compiègne e prescreve aos *missi* a inspeção da fortaleza de Paris e das que margeavam o Sena e o Loire[7].

Durante os últimos quinze anos do século IX, foi sobretudo a região entre o Sena e o Reno que se cobriu de fortalezas.

4. Ed. Boretius, t. 2, p. 321.
5. *Ann. Bertiniani,* ed. Grat, p. 166.
6. *Mir. S. Benedicti,* ed. *M.G.H., SS.,* t. 15, p. 497.
7. Ed. Boretius, t. 2, p. 361.

Recebendo pouco estímulo da autoridade real e central, a defesa contra os normandos tornou-se a cada dia mais passiva, e os habitantes da *Francia* reagiram, como dizem com muita propriedade os *Annales Vedastini, non in bello, sed munitiones construunt*[8], em 885. Para a região renana: Colônia, em 882, Mogúncia, em 883. Em Flandres, Artois e Ternois: Beauvais e Noyon, por volta de 880; Saint-Vaast d'Arras, entre 883 e 887; Cambrai, entre 888 e 901; Tournai, por volta de 898. No litoral: os *castella recens facta,* identificados recentemente por H. Van Werveveke[9] com Bourbourg, Bergues, Furnes, Oostburg, Souburg e Middelburg (na ilha de Walcheren) e Burg op Schouwen.

Constroem-se desde então cada vez mais fortificações sem a autorização real: a restauração das muralhas é obra dos bispos; a edificação de muralhas em torno das abadias, dos abades. Como o abade Raoul, especialmente ativo em Artois e Ternois. Cerca de 883, após a derrota de Gozlin, Carlomano sacrificara a Flandres e decidira retirar-se para o sul numa espécie de fronteira militar que, apoiando-se nas colinas do Artois, foi confiada a Raoul. Abade de Saint-Bertin e de Saint-Vaast, este se empenhou particularmente em fortificar suas abadias. Quanto a Arras, não há qualquer dúvida a respeito: entre 885 e 890, Saint-Vaast, e provavelmente também a cidade, foram fortificadas; graças a essas medidas, a localidade resistirá vitoriosamente aos assaltos normandos de 890. Quanto a Saint-Omer, pode-se discutir interminavelmente se a colina diante da abadia já era fortificada no fim da metade do século; o certo é que, por volta de 879, o abade Foulques tentou fortificar a abadia, mas sem êxito, e que, pouco antes de 891, foi a vez de Saint-Omer ser cercada inteiramente de muralhas, provavelmente por instigação de Raoul, embora um contemporâneo, que assistiu às diversas fases da construção, não assinale o fato.

Como se construíam as defesas?

Geralmente, essas construções defensivas nada tinham de imponente. Tratava-se, o mais das vezes, de simples terraços munidos de defesas de madeira: um fosso, seguido de mura-

---

8. *Ann. Vedastini,* ed. de Simson, p. 57.
9. *De oudste burchten,* citado *infra.*

lha formada pelos aterros, paliçadas e, às vezes, sebes de arbustos espinhosos completavam a obra. Eventualmente, a muralha era reforçada por uma estrutura de troncos de árvores e de galhos, um muro de pedras secas e, por vezes, até – mas era muito raro – de alvenaria. A extensão linear das muralhas, assim como a ausência de flanqueamentos e de pontos de resistência, tornavam a defesa difícil em virtude do número reduzido de efetivos de que se dispunha. Boas contra simples reides de assaltantes, essas fortificações cederão quando atacadas com um pouco mais de seriedade. Na segunda capitular de Pîtres, datada de 25 de junho de 864, Carlos o Calvo ordenou – como se lembrará – que as fortalezas construídas sem a sua autorização fossem destruídas antes de 1º de agosto; a exigüidade do prazo só se explica se se tratasse de simples obras de terra e madeira.

Com efeito, a maior parte das obras, erguidas *ab ovo,* eram de madeira. Como explica J.-F. Finó[10], "o material é fornecido abundantemente pelas vastas florestas que cobrem o território. O campo predominava sobre a cidade, e as populações estavam mais habituadas a manejar um machado do que a pá de pedreiro". O emprego de materiais em madeira mostrava-se muito mais simples do que os trabalhos de alvenaria, e as obras podiam ser executadas requisitando-se, mediante a corvéia, os carpinteiros, os lenhadores e os aldeões. Na falta de dados contemporâneos sobre o trabalho exigido para a preparação dos materiais para as obras, as estimativas feitas por técnicos militares, antes da guerra de 1914 e da mecanização dos trabalhos, pode ser sugestiva. Para derrubar uma árvore

com o machado dos lenhadores, dois carpinteiros (lenhadores) são necessários, e a derrubada dura de vinte cinco minutos a duas horas e meia, para as árvores de diâmetro que varie entre 40cm e 1m. Convém juntar à oficina vários ajudantes, que se atrelam às cordas amarradas na parte superior da árvore e que controlam a direção de sua queda. As paliçadas... são formadas por meio de *palis* (*estacas*), peças de madeira com cerca de 2,50m de comprimento e que se enterram no chão de 0,80m a 1m. Essas estacas são geralmente triangulares e têm uma espessura de 0,10m a 0,15m: são apontadas na parte superior e reunidas num lintel horizontal... Quatro homens, num dia, produzem cerca de quarenta estacas. Ferramentas: 4 machados, 1 serra para pranchas, 2 marretas quadradas, 8 cunhas de madeira. A colocação das paliçadas é feita por brigadas de três ho-

10. *Forteresses de la France médiévale,* p. 84.

mens, um dos quais carpinteiro, munidos de 1 pá, 1 picareta, 1 pua, 1 martelo, 1 machado e 1 podadeira. Três homens podem assentar cerca de 12m de paliçada por dia[11].

Some-se a isto a mão-de-obra necessária ao aterro, e se compreenderá facilmente que a construção de uma muralha fortificada não podia ser feita sem o concurso de toda a população local. Para construir a ponte de Pîtres, várias vezes Carlos o Calvo enviou para lá trabalhadores, ordenando a todos os detentores de benefícios reais que colocassem servos, carroças e bois à disposição daqueles que deviam levar a cabo os trabalhos de construção e de manutenção. Para erguer o *castrum* ou *castellum* de Saint-Omer, dividiam-se as tarefas entre os habitantes da região, agrupados por *potestas* e *ministerium,* unidades administrativas carolíngias. Depois de medir o contorno do lugar a ser fortificado, em presença dos *proceres* e do *populus,* os trabalhos puderam começar. Abateu-se primeiramente um bosque que, situado entre os mosteiros de Saint-Omer na colina e de Saint-Bertin no vale, poderia facilitar a aproximação do *arx*[12]. Depois, cavaram-se em torno da abadia superior fossos largos e profundos; a terra dali retirada serviu para elevar a muralha (*murus, moemia*) ou aterro de terra gramada (*gleba* e *cespes*), encimada por uma paliçada de madeira (*fustes, tabu-lata*). O todo era talvez dominado por uma torre, mas a testemunha não faz menção a isso. Assim concebido e erguido, esse *castellum* tinha uma aparência bem ruim. Os *castella recens facta* deviam ter o mesmo aspecto precário: de forma circular, tinham um diâmetro de mais ou menos 200m; edificados, provavelmente também pelos moradores da região, no limite dos pôlderes, tinham sido concebidos segundo um plano que os integrava ao conjunto das praças fortes já existentes: Oudenburg e Aardenburg, que remontavam à época romana; Bruges, que datava de meados do século IX pelo menos.

Como se utilizavam os *castra*?

Esses *castra* e outros *castella* localizavam-se de modo que se pudesse, do alto de uma de suas torres de madeira, vigiar o

11. E. Legrand-Girarde e H. Plessix, *Manuel complet de fortification.* p. 198 e ss.

12. *Libellus mir. S. Bertini,* cap. II, p. 516.

horizonte, fazer a guarda e assegurar a espreita. O que era especialmente importante na luta contra um agressor que se baseava na surpresa. Em Saint-Omer, *excubiae* perscrutavam constantemente o horizonte para, assim que o inimigo fosse avistado, avisar a população.

Alertados, os guerreiros e os habitantes acorriam com suas armas e seus bens preciosos e se enfiavam atrás das paliçadas. Dali, em Saint-Omer, 891, o *vulgus imbelle* da região (isto é, as *matres cum parvulis* e os clérigos ou *oratores*) assistiu, olhando como podia entre as balizas e as estacas, às pilhagens dos normandos e aos feitos de armas mais audaciosos dos seus; a única participação que teve no encontro foi gritar e invectivar o agressor, chorar e invocar o céu[13]. Cena quase idêntica em Paris, no cerco de 885-886.

Diz-nos Abbon[14]: São só choros e lamentações sem fim. Ouvem-se gemerem juntos os velhos de cabelos brancos e os jovens na flor da idade. Monges choravam. Todo o clero estava em lágrimas. Gritos de dor enchiam os ares. O medo de ver a cidade tomada pelo inimigo espalhava a tristeza nos corações, enquanto os cruéis, julgando-se já donos das muralhas, soltavam para o céu grandes gargalhadas, sonoras e alegres. As mulheres, em sua desolação, arrancavam os cabelos, que, soltos, varriam o chão, ai de mim! Elas batiam o punho no peito nu e, com as unhas arranhavam o rosto no qual se estampava a tristeza. A voz mergulhada em lágrimas, todas rezavam.

Assim encorajados e exacerbados ao mesmo tempo pelas gesticulações e pelo nervosismo de suas mulheres, de seus filhos, de seus velhos e de seu clero, os *bellatores* tentavam manter o inimigo à distância com flechas e *instrumenta bellica*. Em Saint-Omer, em 891 especialmente, isso não bastou para afastar o sitiante dos fossos, pois ele conseguiu empilhar ali palha e galhos aos quais ateou fogo. Em Paris, a 26 e 27 de novembro de 885, viu-se Eudes dirigir a defesa e participar dela com as próprias mãos, derramando óleo fervente, pixe, cera derretida e quente, pelos buracos das sacadas das torres: os agressores que foram atingidos morreram ou se lançaram ao rio para apagar o fogo que os devorava. Uns, explica Abbon[15], "desejam romper o pé do muro com pontas de ferro; Eudes manda servir-lhes

13. *Ibid.*, cap. 7, p. 512.
14. *Bella Par. Urbis*, l. II, vv. 258 e ss.
15. *Ibid.*, l. I, vv. 99 e ss.

óleo, cera e pixe. Esta mistura, derretida numa fornalha ardente, queima as cabeleiras e lhes arranca a cabeça. Enquanto alguns sucumbem, outros decidem dirigir-se ao rio". Acolhiam, portanto, os inimigos com projéteis inflamados. Mas também com tudo o que, ao alcance da mão, pudesse machucar. A 27 de novembro de 885, os sitiados parisienses lançaram da torre sobre os assaltantes uma enorme roda que esmagou seis deles; durante a interrupção do mesmo cerco, entre dezembro de 885 e janeiro de 886, tinham preparado máquinas de arremesso, talvez, nas palavras de Abbon[16], manganelas (espécie de catapulta) de construção primitiva, ou então balistas, ou ainda um morteiro; a 2 de fevereiro de 886, muniram-se de pesadas vigas, cuja extremidade anterior era armada com um dente de ferro, para furar e romper mais facilmente as máquinas inimigas.

Nos lugares mais ameaçados e prestes a ceder, levavam-se as relíquias do santo patrono. Abbon, a esse respeito, assinala várias manifestações típicas no cerco de Paris de 885. Várias vezes, a "milícia" de São Germano, acompanhada pelos homens da cidade, carregou seu corpo em volta das muralhas entoando cânticos e implorando a graça divina. Da mesma forma, o corpo de Santa Genoveva[17].

Quando parecia que a resistência iria ceder, os sitiados tentavam febrilmente enterrar no lugar tesouros e relíquias. O autor do *Libellus miraculorum S. Bertini* observa essa prática como habitual, pois coloca na boca de um chefe normando um discurso em que este exprime seu medo de que um cerco muito longo dê aos sitiados tempo para enterrar suas riquezas[18].

II. O pânico é absorvido: cessam as invasões

Embora sumárias, essas medidas defensivas revelaram-se eficazes. É que os normandos – e podemos compreendê-lo quando levamos em conta seus motivos – não estavam organizados com vistas a uma guerra de cerco: os *castella recens facta* e os *castra* lotaríngios especialmente, apesar de sua estrutura

---

16. *Ibid.*, l. I, vv. 360 e ss.
17. *Ibid.*, l. II, vv. 146-149, 308-314 e 247.
18. Cap. 10, p. 515.

elementar e canhestra, bastaram para contê-los e, por isso mesmo, para pôr fora do alcance dos agressores aquilo que os atraía. Faltavam homens aos dinamarqueses. Faltavam-lhes também as máquinas adequadas: como não lhes era possível transportá-las ao longo dos reides, sob pena de estorvarem seus movimentos, eram obrigados a construí-las no lugar, onde não dispunham nem dos meios nem das técnicas indispensáveis. De todo modo, os engenhos que conseguiam construir não podiam executar golpes decisivos: seu alcance não ultrapassava 150m, e seu poder de destruição era fraco demais para demolir mesmo os mais rudes elementos defensivos. O agressor, no final das contas, acabaria num corpo-a-corpo em que todas as vantagens táticas estavam do lado do sitiado: o número, as possibilidades de contorno dos flancos e da retaguarda por socorros que surgiam inopinadamente, o apoio psicológico e moral da população. Quando conseguiam, apesar de tudo, irromper na trincheira, eram submergidos pela massa, para serem finalmente rechaçados e vencidos. O fato de não ter levado em conta essas incompatibilidades custou bem caro a mais de um bando viking, especialmente aquele que cercou Paris em 885-886.

Pois as populações tinham adquirido o gosto pela resistência. O exemplo daquelas que garantiram a defesa dos *castella recens facta* e do *castrum* de Saint-Omer comprova-o claramente. Uma vez organizados material e humanamente, capazes portanto de se apoiar concretamente nas garantias materiais de sua segurança, os habitantes de Arras, de Saint-Omer e de Cassel especialmente opuseram-se, em 890-891, aos normandos do campo de Noyon e do litoral. Testemunhas contemporâneas falam, quanto a Arras, de *populus;* e no caso de Cassel, de *fidelis qui proelio interfuerunt.* Em Saint-Omer foi todo o *populus*, os *nobiliores cum inferioribus,* os *pedites* e os *equites,* os *nostri,* isto é, os aldeões dos arredores da abadia, organizados por seus proprietários fundiários, que, tendo se reunido na igreja, juraram fidelidade, armaram-se, tomaram lugar no *arx,* depois acabaram com os agressores[19].

Ao construir muralhas fortificadas, tinha-se conseguido localizar a segurança; os entulhos de terra e as paliçadas de madeira acabaram com o medo; subitamente, redescobria-se o que

19. *Ibid.,* cap. 8, p. 513.

se havia esquecido há gerações: a eficácia da muralha, para o sedentário e para o aldeão. Um novo ponto de partida era dado à procura da segurança coletiva. Não havia mais necessidade de fugir para longe para salvar a fortuna e a vida; permanecendo no lugar, podia-se doravante garantir-se contra o agressor. Permitindo aos elementos de segurança permanecer no lugar, às populações locais organizar a defesa, aos detentores do ouro e da prata subtrair aos agressores o que constituía o objeto de sua cobiça e a razão de ser de suas incursões, as medidas de defesa territorial eliminaram progressiva e eficazmente os fatores externos de perturbação. As invasões normandas estavam condenadas ao fracasso. Cessaram no início do século X, pelo menos em sua forma original.

Conclusões do Livro II

Os Normandos, Instrumentos de um Julgamento de Deus

Quem acreditaria, dizei-me, que um monte de bandidos ousaria semelhantes empresas? Quem poderia pensar que um reino tão glorioso, tão fortificado, tão extenso, tão povoado, tão vigoroso, seria humilhado, conspurcado com o lixo de gente dessa natureza? Quem poderia acreditar que seres tão vis ousariam, não digo arrecadar enormes tributos, fazer um butim, conduzir cristãos ao cativeiro, mas simplesmente abordar nossas terras? Não, não penso que – há poucos anos ainda – algum rei da terra imaginasse que algum habitante de nosso globo consentisse em ouvir que o estrangeiro entraria em nossa Paris[1].

O espanto, a vergonha e a dor do autor dessas linhas, Paschase Radbert, um monge de Corbie, são partilhadas por todos aqueles, historiadores, teólogos e juristas, que pensam e refletem sobre os acontecimentos e que se esforçam por integrar sua percepção do fenômeno à visão cotidiana e global da vida, do mundo, das relações entre os homens, das relações entre Deus e os homens, condicionando desse modo a reação dos agredidos em face da agressão.

1. Ver *infra*, Documentos, n. 2, p.89.

Os exterminadores

Os contemporâneos concordam em ver nos normandos aquele povo sobre o qual Deus, através de seu profeta, disse que viria do Norte, para espalhar o terror e o mal. "Ab Aquilone pandetur malum habitantes terram." Ou ainda: "Ecce populus venit de terra Aquilonis et gens magna consurgit a finibus terrae, sagittam et scutum arripiet, crudelis est et non miserebitur"[2]. Originários de um espaço estranho e desconhecido, violadores do mundo cristão, inimigos portanto de Deus, os vikings são povos das trevas. "Noctu enim maxime feralis ille impetus saeviebat juxta dominicam vocem, quia osit lucem prava gens, et, haec, inquit, vestra est hora et potestas tenebrarum"[3].

Abbon de Saint-Germain-des-Prés, que teve o mérito bastante raro de os ter visto em ação, bem de perto, por ocasião do cerco de Paris de 885-886, não pode deixar de descrever os dinamarqueses por intermédio de suas reminiscências literárias clássicas; pinta desse modo um retrato do agressor que resume por si só os clichês e os lugares-comuns com os quais os contemporâneos cumularam os normandos em seus anais e crônicas. "Estes selvagens", escreve em seu poema sobre o cerco parisiense,

percorrem, uns a cavalo, outros a pé, as colinas e os campos, as florestas, as planícies descobertas e as aldeias. Crianças de todas as idades, rapazes, anciãos encanecidos, e os pais e os filhos e também as mães, eles matam todo mundo. Massacram o marido sob os olhos de sua mulher; sob os olhos de seu marido, a mulher é a presa da carnificina; as crianças perecem na presença de seus pais e mães. O servo obtém sua liberdade; o homem livre cai em servidão; o servidor se torna amo; o amo, ao contrário, torna-se servidor. O vinhateiro e os cultivadores sofrem todos, assim como as vinhas e a terra, o domínio cruel da morte. Doravante a Francia está mergulhada na dor porque amos e servidores a deixaram. Não há heróis que façam sua alegria. Lágrimas a regam. Não mais casa dirigida com firmeza por um amo vivo. Esta opulenta terra encontra-se desguarnecida de seus ricos tesouros. São feridas sangrentas, pilhagens durante as quais se disputa tudo, sombrios crimes, chamas devoradoras, um frenesi semelhante em toda parte. Eles derrubam, despojam, matam, queimam, rapinam, coorte sinistra, falange funesta, temível multidão. Não tardavam a poder fazer tudo o que queriam porque se faziam preceder de uma visão sanguinária. Os vales se apagam e se abaixam, e também os Alpes, antes inflados com sua grandeza[4].

2. *Mir. S. Remacli,* ed. *AA. SS.* set., t. I, p. 705.
3. *Ibid.*
4. *Bella Par. Urbis,* l. I, vv. 177 e ss.

A visão é impressionante; ousaríamos dizer, delirante, se sua ênfase não testemunhasse a realidade e a intensidade do drama vivido. Aliás, está longe de ser a única em seu gênero: poderíamos alinhar dezenas delas no mesmo tom, num *corpus* que justaporia as lamentações de Aimoin ou do autor dos *Miracula S. Germani,* dos analistas de Saint-Vaast, de Saint-Bertin ou de Prüm, dos hagiógrafos de Faron, de Remacle ou de Bertin, dos redatores de atas de sínodos ou dos textos de capitulares. Todos estão convencidos de que os normandos vêm destruir tudo, exterminar, demolir; abolir a ordem do mundo cristão e nele introduzir o caos.

Os instrumentos de um julgamento de Deus

"É porque o ofendemos", escreve o autor parisiense dos *Miracula S. Germani*[5], "é porque descuidamos com desprezo de observar suas regras e seus preceitos, que nosso Pai celeste estimulou o coração dos gentios, os normandos". O hagiógrafo do *Libellus miraculorum S. Bertini*[6] afirma inequivocamente: "os agressores são cruéis, mas isso é apenas justiça. Os cristãos não obedeceram aos mandamentos de Deus e da Igreja", decretam os bispos reunidos no concílio de Meaux, em julho de 845[7]; "a Providência, portanto, conduziu os mais cruéis pagãos, os mais obstinados inimigos do cristianismo ao seio do reino e até Paris".

Os dinamarqueses são de certa forma manipulados por Deus, como instrumentos, para punir os francos pela *enormitas peccatorum,* pela massa de seus pecados. Os clérigos não deixam, na oportunidade, de fazer a lista desses pecados. Assim o hagiógrafo parisiense supracitado arrola uma, bastante sugestiva.

Escreve ele[8]: Deus sentiu-se especialmente ofendido porque o regnum Francorum, após a morte do imperador Luís o Piedoso, foi dividido em partes[9]; porque subia ao céu e chegava aos ouvidos do Criador e Redentor o clamor dos pobres, das viúvas, dos órfãos e das crianças, oprimidos injustamente e sem

5. Cap. 2, p. 10.
6. Cap. 6, p. 511, l. 48.
7. Ed. Mansi, *Sacrorum conciliorum collectio,* t. 14, col. 814 b-c.
8. Cap. 2, p. 10.
9. A divisão do *regnum* é fruto da discórdia.

piedade por homens iníquos e perversos, por poderosos, por aqueles precisamente que teriam podido defendê-los; porque a ordem universal dos religiosos é praticamente confundida na Igreja e perdeu qualquer noção de bondade e de santidade; porque a ordem dos reis, dos bispos, dos monges, dos cônegos e dos leigos se afasta do caminho da justiça e da eqüidade e arrasta todo mundo ao caminho dos desejos carnais adversários de Cristo; porque o número infinito dos pecados recai sobre o povo cristão; porque faltam completamente as obras de cristandade e de piedade; porque na grande multidão dos homens, raros e pouco numerosos são os que aspiram a retornar a Deus depois de ter perpetrado seus crimes e tanto mal.

Esses pecados exigem do Deus justiceiro – "justus delinquentium semper corrector correctorumque clemens susceptor", segundo a expressão de Aimoin[10] – que ele oprima seus filhos com um flagelo, "para evitar-lhes uma condenação eterna e para conduzi-los à resipiscência e à correção"[11]. Mas esse flagelo castigará apenas passageiramente; testemunha-o a história do povo de Israel, "que por causa de seus pecados foi com muita freqüência afligido e expulso de suas terras para regiões longínquas, na Babilônia e no Egito, mas jamais foi abandonado quando em suas tribulações apelava a Deus". Os normandos grassam, pois, *justo Dei judicio secundantibus*[12]; suas agressões cessarão assim que os sofrimentos e os suplícios padecidos tiverem contrabalançado os erros e os pecados cometidos[13].

Castigos merecidos, provocados por Deus, as invasões devem ser suportadas pelos cristãos com paciência e resignação: padecendo-os, afirma Paschase Radbert[14], a cólera divina será desarmada. A única atitude aceitável dos francos ante as incursões consiste, portanto, numa *emendatio,* numa conversão dos costumes, que deveria passar primeiramente por uma penitência (penas e sofrimentos a padecer para apagar os pecados cometidos), em seguida por uma via reta e honesta a serviço de Deus e da Igreja. O fim de uma incursão é sinal da realização da primeira exigência; a chegada de um novo bando de agressores atesta que a segunda foi negligenciada[15.]

10. L. I, cap. 1.
11. *Ibid.*
12. *Ibid.*
13. *Ibid.* l. I, cap. 19.
14. Ver *infra*, Documentos, n. 2, p. 89.
15. Como explica Aimoin em seus *Miracula,* no l. II, cap. 5.

Uma percepção fatalista e passiva do acontecimento

Todas essas considerações teriam apenas o interesse de nos informar sobre as especulações de um grupo restrito de teólogos, cronistas e analistas, se exatamente estes não fossem, na época, representativos de um meio, o dos clérigos, formador de opinião por excelência porque detentor quase exclusivo da escrita. Iludindo-se sobre os motivos dos normandos, diagnosticando mal as causas do conflito, impediram suas vítimas de escolher o remédio adequado. O que serviu apenas para aumentar a confusão dos agredidos.

Percebendo o confronto com os dinamarqueses pelo prisma de suas convicções filosóficas e teológicas como um julgamento de Deus, uma punição para os pecados cometidos, faziam das vítimas das invasões objetos submetidos à justiça imanente de Deus: enquanto não tivessem pago, com seus sofrimentos, pelo mal cometido, nada poderiam fazer contra o flagelo que os castigava. Introduzindo essa noção de fatalidade – uma concepção que não deixa de ter um parentesco estreito, no plano mental, com o predestinacionismo muito debatido na época nos meios dos teólogos –, os clérigos de certa forma deslocaram as responsabilidades reais dos francos: estes deviam primeiramente converter-se sofrendo; o resto, o fim das invasões, lhes viria por acréscimo. Retardaram, assim, o momento em que, colocados diante de suas responsabilidades reais, os agredidos tomariam consciência de que era por si mesmos que podiam e deviam ser salvos. Divulgando sua maneira de perceber o fenômeno, situaram desde o início o confronto com o adversário num contexto que favorecia excessivamente a passividade.

Passividade preconizada pela circunstância, aliás, pois quando os quadros tiverem organizado um sistema eficaz de resistência, os clérigos modificam sua visão do acontecimento. Os normandos não eram mais vencedores; os cristãos sempre obtiveram mais vitórias; a cólera de Deus estava, portanto, saciada. Os eclesiásticos não mais hesitam em contribuir com os combates. Certamente, não era permitido a um clérigo ou a um religioso pegar em armas e matar. Mas quando o inimigo era normando, passava-se por cima da interdição, e o próprio Deus se encarregava de guiar os atos dos monges, inexperientes e pouco aguerridos no manejo das armas, de modo a matar com mais segurança o inimigo. O autor do *Libellus miraculorum S.*

Bertini escreve-o textualmente a propósito de um episódio do cerco de Saint-Omer, no dia 25 de abril de 891[16]: daí em diante era hora da *vindicta divina*[17].

16. *Libellus mir. S. Bertini,* cap. 10, pp. 515, l. 10-14.
17. *Ann. Fuldenses,* ed. Kurze.

Epílogo

Balanço de uma Agressão

Nada melhor para captar os contornos específicos de dois mundos do que observá-los ali onde eles se encontram. O que sempre se chamou de invasões normandas foi um desses encontros; no alvorecer da história européia, um contato súbito entre dois povos que se ignoram mutuamente e que vivem de alimentos, de estruturas mentais, de linguagens, de religiões, de instituições, de economias que comportavam apenas raros elementos comuns de entendimento possível. Esse contato, que desaguou inevitavelmente num confronto, foi de uma importância que deveria ser possível apreciar, agora que acabamos de desmontar o mecanismo e evocar os sistemas de coordenadas que situam as subjetividades respectivas dos antagonismos então presentes.

Para os dinamarqueses: um fluxo de riquezas

Para os dinamarqueses, as invasões foram uma fase especialmente lucrativa desse período da história escandinava, personificado pelos vikings, que, por analogia com outro, vários séculos mais tardio e mais meridional, poderíamos chamar de *período das grandes descobertas*.

Os tributos que lhes foram pagos de 845 a 885 foram avaliados em cerca de 40 mil libras. Seria preciso acrescentar aqueles pagos individualmente por abadias ou por certas cidades, e o dinheiro obtido com o tráfico de escravos e o comércio de gado, para ter uma idéia das dezenas de milhares de libras de ouro e de prata que, em pouco tempo, se derramaram sobre a península e fizeram com que esse povo de aldeões, forjadores, marceneiros e guerreiros tivesse acesso a um *standing* que lhes permitiu enfim tratar em pé de igualdade e rivalizar com seus ricos vizinhos da Suécia, os varegos, traficantes astuciosos de deslumbrantes mercadorias orientais.

Paralelamente a essa onda de ouro e de prata, um fluxo de *ocidentalismo*. Um mundo novo, pouco ou mal conhecido, atraente porque razoavelmente refinado, descobria-se doravante diretamente ou, melhor ainda, indiretamente, durante longos serões de inverno, por intermédio de intérpretes que, aureolados por seus feitos gloriosos, gostavam de se gabar de sua subida do Loire ou do Sena e – já nessa época, vaidade suprema de novos ricos – de sua estada em Paris. Os primeiros passos, os mais difíceis e os mais importantes talvez, eram daí em diante dados no caminho da ocidentalização pela cristianização.

Para os francos: uma catástrofe?

Fonte de enriquecimento por vezes fabuloso para os dinamarqueses, foram as invasões, para os francos, causas de um segundo século *de ferro e de chumbo*? Muitas vezes se respondeu pela afirmativa, embora nos últimos tempos, em conseqüência das reflexões de M. Bloch, de P. Sawyer e de L. Musset sobretudo, haja um esforço para se desdramatizar uma visão das coisas com muita freqüência cúmplice das lamentações clericais. O debate está longe do amadurecimento; é preciso realizar ainda muitas investigações suscetíveis de objetivar e de quantificar a importância de eventuais estragos, para poder sustentar conclusões firmes nesse domínio; todavia, parece legítimo, a partir de agora, matizar o *catastrofismo* do fenômeno.

Certamente, no que se refere aos resultados positivos, não nos enganaremos muito afirmando que, do ponto de vista franco, as incursões não tiveram nenhum. Para todos, elas foram nefastas, nem que seja apenas do ponto de vista psicológico, o medo e a angústia que suscitaram, traumatizando tanto as massas como os quadros. O importante seria conhecer a intensidade dessas perturbações e o alcance dessas devastações, pois se sabe, por tê-las experimentado mais de uma vez neste último meio século, que a maior parte dos efeitos de um choque coletivo podem ser eliminados às vezes bastante depressa, engendrando reações salutares. Foi o caso em especial das populações que lutaram contra os agressores nórdicos. A angústia e a confusão que elas experimentaram fizeram-nas tomar progressivamente uma aguda consciência da necessidade de buscar a segurança comum: daí a eclosão, certamente através de uma longa caminhada, das coletividades medievais, com o recurso a uma autoridade real, notavelmente diferente daquela empregada pelos centralizadores carolíngios; daí a reorganização do sistema e da rede de dependências e de associações individuais e coletivas.

Um balanço mais concreto dos estragos dificilmente pode ser feito em conseqüência de um estado de conhecimentos ainda demasiado lacunar. Enquanto se espera uma informação mais ampla, é preciso ater-se aos resultados de pesquisas empreendidas para uma determinada zona mais explorada do que outras. A região que corresponde aproximadamente ao espaço belga atual constituiu recentemente objeto de investigações exaustivas[1]. Os efeitos das invasões nem sempre puderam ser ali delimitados com detalhes: assim, provavelmente jamais se saberá exatamente quantos lugares foram invadidos, quantas construções e igrejas foram destruídas, quantos habitantes foram reduzidos à escravidão ou mortos, quantas cabeças de gado foram roubadas e massacradas, quanto ouro e prata foi vertido como tributo ou tomado durante os saques. Mas – e isto compensa um pouco esse fato – pôde-se atribuir ao fenômeno uma ordem de grandeza que permite avaliar seu alcance, suas possíveis ressonâncias. Estas são menos impressionantes do que até então se imaginava, e não provocaram aquele hiato que lhes era atribuído. Basta, para nos convencermos disso, examinar rapidamente domínios tão sensíveis a toda forma brutal de desordem como a vida literária, urbana e comercial.

Verifica-se, em relação à zona examinada, que a segunda metade do século IX não foi menos fecunda no plano da produ-

---

1. A. D'Haenens, *Les invasions normandes en Belgique.*

ção literária do que qualquer outro período da Alta Idade Média. Não é entre 850 e 900 que, em Stavelot, o aquitano Christian redige seu belo comentário sobre São Mateus e que se inicia a redação de uma parte dos *Miracula S. Remacli;* que, em Liège, Sedulius Scottus lisonjeia seus protetores em poesias empoladas e compõe seu *Liber de rectoribus christianis;* que, em Saint-Amand, Milon escreve seu *De sobrietate,* e depois Hucbald sua *Ecloga de calvis;* que, em Saint-Vaast, se redigem os *Annales Vedastini,* o *Sermo de relatione corporis S. Vedasti* e o *Liber miraculorum S. Bertini* e a *Visio Karoli III?* Obras modestas sem dúvida, mas aquelas que foram redigidas antes das expedições normandas e depois de 900 foram mais brilhantes?[2]

Constatação idêntica em relação à vida urbana e à atividade comercial: nenhum vestígio de ruptura brutal. Na parte ocidental do espaço "belga" de um lado: Boulogne continua a funcionar como porta de mar; mesmo Quentovic parecia ter conservado uma real atividade no início do século X; em Arras assim como em Saint-Omer não há solução de continuidade entre o século VIII e o X; foi por engano que em Tournai se acreditou poder discernir uma ruptura de uns trinta anos na vida da cidade; em Gand e em Valenciennes, localidades aparentemente mais sofridas, o hiato seria aqui de trinta anos, e ali de vinte e cinco anos, mas ele não foi provado; Bruges aparece como *castellum* desde 892, e ali se cunha moeda sob Carlos o Simples; a Antuérpia, assinalada no início do século X como *vicus,* conhecia, portanto, alguma atividade. No vale mosano de outro lado: as oficinas monetárias de Dinant, Namur e Huy funcionam no reinado de Luís o Infante (899-911); a 18 de janeiro de 908, este soberano confirma na igreja de Tongres a posse do terrádego e da moeda de Maastricht[3].

No final das contas, os menos aquinhoados, no fim do áspero encontro, foram precisamente aqueles que, no início, eram os mais favorecidos: os eclesiásticos e alguns notáveis. Os primeiros, sobretudo, perderam boa parte de sua fortuna, e só lhes restou reconstituí-la com os meios disponíveis: o culto das relíquias, gerador de numerário, que levaram a um nível jamais atingido, pelo retalhamento dos corpos santos, e uma produção hagiográfica de uma abundância e diversidade até então inigualadas.

2. *Ibid.,* pp. 157-158.
3. *Ibid.,* pp. 158 e ss.

SEGUNDA PARTE:

ELEMENTOS DO DOSSIÊ E ESTADO DA QUESTÃO

Documentos*

1. Um quadro das invasões por um testemunho contemporâneo.
2. Uma interpretação das invasões por um teólogo contemporâneo.
3. Uma invasão normanda à região renana (881).
4. Tratativas preliminares a um confronto (885).
5. Francos contra vikings na Aquitânia (845).
6. A batalha de Louvain (891).
7. Sedulius canta a vitória de um bispo sobre os normandos.
8. Conselhos de prudência a um prelado que combate os normandos.
9. Carlos Magno toma medidas defensivas contra os normandos.
10. Um torreão de madeira contra os normandos.
11. Construção de uma ponte fortificada em Pîtres.
12. Carlos o Gordo compõe-se com os normandos.
13. Distribuição dos encargos decorrentes de uma promessa de pagamento de tributo.
14. Os avatares da comunidade de Noirmoutier.
15. Hincmar foge diante dos normandos.

   * O dossiê comporta também testemunhos materiais, mas sua apresentação não é prevista pela presente coleção; a seu respeito, ver mais adiante, p.100, I. Para uma arqueologia das invasões normandas.

Documento 1: ERMENTAIRE, UM MONGE DE SAINT-PHILIBERT DE NOIRMOUTIER, BROSSE, EM MEADOS DO SÉCULO IX, UM QUADRO DAS INVASÕES NORMANDAS NO CONTINENTE.

"O número dos navios aumenta; a multidão inumerável dos normandos não pára de crescer; de todos os lados, cristãos são vítimas de massacres, pilhagens, devastações, incêndios, dos quais subsistirão testemunhos manifestos enquanto durar o mundo. Tomam todas as cidades que atravessam, sem que ninguém resista a eles; tomam as de Bordeaux, Périgueux, Limoges, Angoulême e Toulouse. Angers, Tours assim como Orléans são aniquiladas; muitas cinzas de santos são roubadas. Assim se compreende mais ou menos a ameaça que o Senhor proferiu pela boca de seu profeta: *Um flagelo vindo do Norte se espalhará por todos os continentes da terra.*

... Alguns anos depois, um número incalculável de navios normandos sobe o Sena. O mal aumenta em certa região. A cidade de Rouen é invadida, pilhada, incendiada; as de Paris, Beauvais e Meaux são tomadas; a praça forte de Melun é devastada; Chartres é ocupada; Evreux é pilhada assim como Bayeux; e todas as outras cidades são invadidas sucessivamente. Quase não há localidade, nenhum mosteiro que seja respeitado; todos os habitantes fogem, e raros são aqueles que ousam dizer: *Fiquem, fiquem, resistam, lutem por seu país, por seus filhos, por sua família.* Em seu entorpecimento, em meio a suas rivalidades recíprocas, eles resgataram à custa de tributos o que deveriam ter defendido empunhando armas, e deixaram soçobrar o reino dos cristãos."

Ermentaire, *Translationes et miracula S. Philiberti,* ed. R. Poupardin, *Monuments de l'histoire des abbayes de Saint-Philibert,* Paris, 1905, pp. 60 e ss. Trad. Latouche, *Textes d'histoire médiévale (V^e-XI^c s.),* Paris, 1951, pp. 132 e ss.

Documento 2: UM TEÓLOGO CONTEMPORÂNEO, PASCHASE RADBERT, INTERPRETA E COMENTA AS ATIVIDADES DOS VIKINGS, NO VALE DO SENA, DURANTE OS ANOS DE 856 A 862.

(Paschase Radbert trabalhava em seu comentário sobre as *Lamentações* de Jeremias, quando os vikings começaram a grassar no vale do Sena. A passagem: *non crediderunt reges terrae et universi habitatores orbis quod ingrederetur hostis et inimicus portas Iherusalem,* no cap. IV, versículo *Lamed,* lhe proporciona ensejo para uma exegese circunstancial):

"Sim, literalmente, essa cidade foi fortificada pelo socorro de Deus e protegida pela guarnição dos anjos enquanto manteve a lei e a justiça, enquanto teve as virtudes como riqueza; e nenhum rei, nenhum ser humano, poderia acreditar que o inimigo externo ou interno ali penetraria, pois o Senhor firmara as barras das portas da Cidade e lhe designara a paz como fronteira. Mas quando aqueles que defendiam os benefícios de Deus se desviaram dele, a guarda divina os abandonou e eles se tornaram presa do inimigo. O mesmo acontece com nossa igreja, segundo a interpretação mística: ela está, por assim dizer, dilacerada em todos os sentidos pelos inimigos. Quem algum dia teria acreditado, quem teria imaginado em nossas regiões que em tão pouco tempo seríamos esmagados por desgraças que todos nós contemplamos, choramos, deploramos e tememos tanto? E mesmo hoje continuamos a recear que piratas, reunião de diversos bandos, atinjam o território de Paris e queimem por todos os lados as igrejas de Cristo vizinhas às margens do Sena. Quem jamais teria acreditado, eu vos pergunto, que um punhado de bandidos ousaria semelhantes empresas? Quem poderia pensar que um reino tão glorioso, tão fortificado, tão extenso, tão povoado, tão vigoroso, seria humilhado, maculado pela imundície desse tipo de gente? Quem teria podido acreditar que seres tão vis ousariam, não digo captar enormes tributos, pilhar, levar cristãos para o cativeiro, mas simplesmente desembarcar em nossas terras? Não, não creio que, há poucos anos ainda, algum rei da terra teria imaginado, algum habitante de nosso globo teria consentido em ouvir que o estrangeiro entraria em Paris. Por isso me é menos conveniente comentar Jeremias do que chorar e me lamentar, pois, o versículo seguinte dá a conhecer, essas desgraças múltiplas têm como causa os pecados do povo, a iniqüidade dos pastores e dos grandes. É que, com efeito, há muito tempo e abertamente, por assim dizer, os julgamentos dos justos são tidos como nulos; o sangue verte seu próprio sangue; todos estão maculados por ele e em toda parte desfilam enganos e embustes. É por isso que esses versículos reclamam antes lágrimas e lamentações do que a interpretação de uma dialética eloqüente. A procura da tríplice significação é inútil quando a desgraça e a ruína pública é única. Por isso a dor do coração deve se traduzir, como o faço, por gritos e gemidos, a fim de que, em consonância com o profeta, possamos deplorar nossas más ações: Deus brande sua clava, ameaça com ela nossos pescoços, e o machado está ao pé da árvore, pois nosso espírito é rebelde ao bem. Esta é a razão pela qual grassa a clava dos bárbaros, clava saída da bainha do Senhor. Eis por que, miseráveis que somos, vivemos impotentes, expostos às atrocidades dos pagãos, às guerras de cruéis concidadãos, ao banditismo dos saqueadores, às seduções, às fraudes, e contudo a cada dia nos inflamamos por crimes ainda maiores".

Paschase Radbert, *Expositio in Lamentationes Jeremia,* ed. Migne, *P. L.,* 120, col. 220. Trad. F. Lot, *La grande invasion normande de 856-862,* pp. 14-15.

Documento 3: UMA INCURSÃO NORMANDA À REGIÃO RENANA (881).

"881. — No mesmo ano, no mês de novembro, dois reis normandos, Godefrid e Siegfrid, tomaram posição com um grupo inumerável de cavaleiros e de infantes, num lugar que se chama *Ascloa,* no Meuse. Numa primeira expedição, devastando a região vizinha, eles queimaram a cidade de Liège, o burgo de Maastricht e a cidade de Tongres. Durante uma segunda incursão, espalhando massacres, pilhagens e incêndios pela região dos Ripuaires, devastam tudo: a cidade de Colônia e a de Bonn, com os burgos vizinhos, Zulpich, Juliers e Neuss, ficam em chamas; depois disso, reduzem a cinzas Aix-la-Chapelle e as abadias de Cornelimunster, Malmédy e Stavelot."

Réginon de Prüm, *Chronicon,* ed. Kurze, *SS. rer. germ. in usum scholarum,* 1890, p. 118.

Documento 4: TRATATIVAS PRELIMINARES A UM CONFRONTO: SIEGFRID ENCONTRA GOZLIN EM PARIS, A 26 DE NOVEMBRO DE 885.

"Fazia dois dias que tinham atingido a cidade quando Siegfrid dirigiu-se ao palácio do ilustre pastor. Rei de nome apenas, nem por isso deixava de comandar seus companheiros. Depois de inclinar a cabeça, ele se dirige nestes termos ao pontífice: 'Ó Gozlin, tem piedade de ti mesmo e do rebanho que te foi confiado. Para não te perderes, escuta favoravelmente nossas palavras; suplicamos que o faças com instância. Concede-nos apenas a faculdade de passar além desta cidade; jamais a tocaremos, mas nos esforçaremos por te conservar todas as honras e as de Eudes igualmente'. Este, muito considerado como conde, devia um dia ser rei; protetor da cidade, ele se tornaria a muralha do reino.

Em resposta, o bispo do Senhor, com uma grande lealdade, proferiu estas palavras: "Fomos encarregados da guarda da cidade pelo rei Carlos, cujo império se estende quase ao mundo inteiro, sob a autoridade do Senhor, rei e mestre dos poderosos. É preciso que o reino, longe de sofrer por ela o aniquilamento, se salve ao contrário por ela e se conserve em paz. Que se, por acaso, muralhas te houvessem sido confiadas como a nós, e tivesses feito tudo o que nos dizes fazer, o que acharias justo que acontecesse?' Então Siegfrid: 'Honrariam minha cabeça', disse ele, erguendo a espada para ela, 'depois ela seria digna de ser atirada aos cães. Entretanto, se não cederes às minhas súplicas, nossos engenhos de guerra te enviarão ao nascer do dia dardos envenenados; ao cair do dia, será o flagelo da fome, e assim sem parar todos os anos'.

Tendo assim falado, partiu e reuniu os seus. Assim, no momento em que terminava a aurora, a batalha começou".

Abbon, *Bella Parisiacae Urbis,* livro I, vv. 36 e ss. Ed. e trad. H. Waquet, Paris, 1964, pp. 16 e ss.

DOCUMENTO 5: UM ENCONTRO ENTRE FRANCOS E VIKINGS NA AQUITÂNIA (845).

"... as pessoas que vêm da Aquitânia contaram que um dia desses os normandos irromperam entre Bordeaux e Saintes, que os nossos, isto é, os cristãos, travaram com eles um combate de infantaria e pereceram miseravelmente, exceto aqueles que puderam salvar-se pela fuga. Testemunharam até sob a fé do juramento que nesse combate o duque de Gascogne, Seguin, foi preso e condenado à morte."

Loup de Ferrières, carta a Guénélon, arcebispo de Sens, escrita entre 12 e 22 de novembro de 845. Ed. e trad. L. Lévillain, t. I, Paris, 1964, p. 187.

Documento 6: A BATALHA DE LOUVAIN (891).

"Enquanto esses acontecimentos se produziam, o rei Arnoul era retido nos confins da Baviera, onde reprimia os ataques dos eslavos; quando lhe anunciaram a derrota dos seus e a vitória dos inimigos, deplorou primeiro a perda de seus fiéis e soltou queixas e gemidos porque os francos, até então invictos, haviam dado as costas a seus adversários; em seguida, 'remoendo em seu coração valente a vergonha desse ato*, excita-se contra o inimigo e, depois de reunir um exército nas partes orientais de seu reino, atravessou o Reno e acampou nas margens do Meuse. Alguns dias depois, os normandos, cheios de orgulho por sua grande vitória, partem para recomeçar com ímpeto suas destruições; o rei decide marchar contra eles com seu exército. Vendo as tropas se aproximarem do rio que se chama Dyle, eles se fortificam, segundo era seu hábito, atrás de uma muralha de terra e de paliçadas, atiçam o exército com zombarias e injúrias, repetindo-lhes com insultos e gracejos que haviam de se lembrar tanto do Geule, como de sua fuga vergonhosa, como também do massacre que ocorrera; que logo teriam a mesma sorte. O rei, alterado pela cólera, ordena aos seus que desçam do cavalo e combatam o adversário a pé. Saltando do cavalo em menos tempo do que é preciso para dizê-lo, dão um grande grito para se apoiarem mutuamente e forçam o entrincheiramento dos inimigos. Enviando-lhes Deus forças do céu, derrubam aqueles com suas armas

* Adaptação de Virgílio, *Geórgicas,* cap. IV, v. 83.

e os massacram, de tal modo que, de uma multidão inumerável, restou apenas o suficiente para ir levar a má notícia à sua frota. Tendo, assim, as coisas ocorrido com êxito, Arnoul retorna à Baviera."

> Réginon de Prüm, *Chronicon,* ed. Kurze, p. 118. Trad. P. Bonenfant, F. Quicke e L. Verniers, *L'histoire d'après les sources,* Bruxelas, t. I, 1937, p. 47.

Documento 7: O POETA SEDULIUS SCOTTUS CANTA UMA VITÓRIA DO BISPO DE LIEGE, FRANCON (856-*C*. 900) SOBRE OS NORMANDOS.

"Astro de ouro brilhante de piedade,
Bispo ilustre, tocha preciosa,
Eis que ele volta a nós agora esse bom pastor,
Nossa glória.

....

E nós, cheios de alegria, fazemos soar nossos cantos:
A tristeza nos deixa e, imagem de nosso espírito,
A lua cheia brilha com todo seu resplendor,
Venerando-nos.

Eis de Lambert o sucessor bendito,
Cuja chegada enche de júbilo o povo
Todo, que, entusiasta, sabe o que deseja
Quando te encontra.

De onde vieste, topázio rutilante?
Estáveis talvez escondido nos amáveis jardins do Éden,
Já que nos trazeis os frutos da árvore da vida
Que nos são doces.

Onde o zelo de teu coração pelo culto divino
Te inflamou, ilustre prelado,
Contra os filhos soberbos de Belial,
A serviço de Cristo?

Não treme o normando inimigo aqui?
Vendo vossas brancas falanges
Ele foge para seus navios, escondendo-se no rio,
Mais rápido do que o vento leste.

Ele deseja ter asas nos pés,
Arrepende-se de ter abordado o país dos francos,

Temendo, aterrorizado, as armas
Do imperador, nosso pai.

....

Oremos ao Pai e ao Filho do Pai,
O Espírito Santo: que, perfume fragrante,
Ele derrame seus dons sete vezes sobre nós,
Agora e para sempre."

Sedulius Scottus, ed. L. Traube, em *M. G. H., Poetae latini*, t. 3, 1896, p. 220. Trad. P. Bonenfant, F. Quicke e L. Verniers, *op. cit.*, t. I, pp. 46-47.

Documento 8: LOUP DE FERRIÈRES A ODON, ABADE DE CORBIE. CONSELHOS DE PRUDÊNCIA A UM PRELADO QUE COMBATE OS NORMANDOS (859).

"A seu caríssimo Odon, ilustríssimo abade, Loup, mil saudações.

Tocado pelos grandes e inumeráveis benefícios de vossa liberalidade, se eu me esforçasse por exprimir o reconhecimento que enche meu coração, ultrapassaria não apenas os limites de uma carta, mas até os de um volume. Vossa Grandeza não desprezou minha pequenez; substituiu nossa penúria por uma abundância sem limites, e com uma amizade indefectível, a mim que, consciente de minha grande inferioridade, não ousava esperar tanto, ela própria me igualou. Embora usufrua dos frutos muito doces dessa amizade, não deixo, ainda que a oportunidade se furte, de pensar com embaraço no meio de vos declarar pelo menos os sentimentos afetuosos que me animam.

Certamente, de todos os amigos que, desde o meu nascimento, a divina misericórdia me concedeu, tenho-vos firmemente como o primeiro, e sinto-me mais ligado a vossa complacência e à inesgotável generosidade de vosso coração do que às de nenhum outro. A ponto de, quando penso nisso, não poder deixar de enrubescer de confusão e, de tanto procurar, o único meio que encontro para retribuir é desejar que a divina graça, que, sem que eu absolutamente o mereça, me elevou até semelhante amizade, queira um dia me conceder que não tenha mais de me enrubescer por ela. Peço-vos que não imagineis que vos engano com falaciosas adulações, pois esses pensamentos que afloro são a meus olhos tão graves quanto meu discurso se esfalfa na procura de uma exposição conveniente.

Para passar a um outro assunto, espalhou-se o rumor – erroneamente, espero – de que, num encontro com os bárbaros, alguns de vossos homens foram gravemente feridos e que, dentre eles, nosso caro G., atingido por golpes mortais, terá dificuldade para se restabelecer. Muito dolorosamente atingido por essa notícia e unindo em seu favor minhas preces às de meus irmãos, desejo que uma carta vossa me informe rapidamente sobre seu estado.

Tenho também a vosso respeito grandes inquietações, quando me lembro que tendes o costume de vos lançar inconsideradamente sem armas em plena batalha, onde o ávido desejo de vencer arrasta vossa juvenil agilidade. Por isso vos aconselho com toda minha amistosa devoção a vos empenhar em fixar a localização de vossas tropas, o que só pode convir a vosso estado, e de deixar os homens de armas realizarem seu ofício com seus instrumentos de combate: pois, também é bastante útil aquele que, por suas sábias decisões, prevê de modo competente por si e pelos outros. Mantende-vos, pois, em vosso mosteiro, conservai-vos para vossos amigos, conservai-vos para todas as pessoas de bem, e não façais aquilo que comigo muitos deplorariam.

Adiamos a compra do ferro – compra que era muito difícil efetuar neste momento por causa da colheita –, mas estamos prontos a vos receber no navio que construímos, se não recusardes a trazer o frete.

Enviai-nos antes do início de setembro, segundo nossas convenções, se não houver oportunidade antes, os irmãos que devem nos designar uma parte de vossa floresta. Que tragam também o pobre Faustus e vos levem de volta fielmente nossas respostas a todas as vossas perguntas.

Enviei-vos, pelo correio que já conheceis bem, os pêssegos que vos prometi. Se, como receio, ele os devorou ou se se queixar de os terem roubado, fazei-o com vossos rogos devolver ao menos os caroços, a menos, todavia, que não os tenha também engolido, que tenhais pelo menos vossa pequena parte dos mais suculentos dos pêssegos."

Loup de Ferrières, carta 106, escrita por volta de 10 de agosto de 859. Ed. e trad. L. Levillain, *op. cit.*, t. 2, pp. 134 e ss.

Documento 9: CARLOS MAGNO TOMA MEDIDAS DEFENSIVAS.

"(Carlos) formou também uma frota para lutar contra os normandos. Mandou para isso construir navios perto dos rios que, na Gália e na Germânia, se lançam no oceano setentrional; e como os normandos assaltavam constantemente e pilhavam o litoral da Gália e da Germânia, colocou sentinelas e postos de guarda em todos os portos e em todas as embocaduras de rios onde os navios pudessem penetrar, a fim de impedir que o inimigo escapasse. No sul, nas costas da província narbonesa e da Septimanie e ao longo de todo o litoral da Itália até Roma, tomou as mesmas medidas contra os mouros, que começavam, por sua vez, a exercer a pirataria. O resultado foi que, durante sua vida, todo dano grave foi poupado à Itália por parte dos mouros, e à Gália e à Germânia por parte dos normandos..."

Eginhard, *Vita Karoli,* cap. 17. Ed. e trad. L. Halphen, Paris, 1947, p. 51.

Documento 10: UM TORREÃO DE MADEIRA CONTRA OS NORMANDOS.

"881. Luís (III, rei dos francos), irmão de Carlomano, retornou a seu reino para combater os normandos. Estes, que devastavam tudo por onde passavam, acabavam de ocupar a abadia de Corbie e a cidade de Amiens e outros lugares santos, cujos ocupantes mataram ou expulsaram. Mesmo Luís, embora não estivesse sendo perseguido por ninguém, fugiu com seu séquito. O julgamento de Deus manifestava assim claramente que o que os normandos realizavam não era coisa de homens mas uma intervenção divina.

Aos normandos que invadiam agora seu reino Luís se opôs com o que podia. A conselho dos que o cercavam, construiu uma fortaleza de madeira em Etrun. Infelizmente, como o rei não encontrou ninguém a quem confiar sua guarda, esse torreão serviu mais para a segurança dos pagãos do que para a proteção dos cristãos."

Hincmar, *Annales Bertiniani,* ed. Grat et al., Paris, 1964, p. 244.

Documento 11: CONSTRUÇÃO DE UMA PONTE FORTIFICADA EM PÎTRES.

"862. Carlos reúne todos os notáveis de seu reino num lugar chamado Pîtres, onde o Anselle e o Eure se lançam no Sena. Com eles vieram muitos operários e carroças a fim de construir no Sena uma fortaleza que devia impedir que os barcos dos normandos subissem ou descessem o rio."

Hincmar, *Annales Bertiniani, ibid.,* p. 91.

Documento 12: CARLOS O GORDO COMPÕE-SE COM OS NORMANDOS.

"882. O imperador Carlos veio sitiar o campo normando com um grande exército. Mas assim que chegou ao lugar, sua vontade se enfraqueceu e, em conseqüência de uma série de negociações, obteve um tratado. Godefrid se fez batizar com os seus e recebeu em compensação o feudo da Frísia e todos os outros bens detidos outrora por Rorik. Siegfrid, Vurm e seus companheiros receberam vários milhares de libras de prata e de ouro adiantados do tesouro de Santo Estêvão de Metz e de outros santos."

Hincmar, *Annales Bertiniani, ibid.,* p. 248.

Documento 13: Edito de Compiègne, de 7 de Maio de 877, Distribuição dos Encargos Decorrentes da Promessa de um Pagamento de Tributo aos Normandos Estabelecidos no Sena.

"Os bispos, os abades, os condes, os vassalos do Soberano deverão sobre suas honras: sobre cada *manse** senhorial 12 dinheiros; sobre cada *manse ingenuile* 8 dinheiros, 4 pagos pelo amo, 4 pelo terratenente; sobre cada *manse servile* 4 dinheiros, pagos metade pelo amo, metade pelo terratenente.

Em cada diocese todas as igrejas pagarão 5 *sons* , 4 *sons*, 2 *sons* ou 1 *sou*, segundo os recursos dos padres, mas o pagamento máximo não será superior a 3 *sous* nem inferiores a 4 dinheiros. O bispo operará a arrecadação no âmbito de seu bispado; os abades diocesanos farão o mesmo no território de sua abadia, mas em presença de um representante do bispo.

Mesmo para as igrejas que estão em poder do imperador, da imperatriz, dos condes e dos vassalos imperiais, tanto daqueles que partem (para a Itália) com o imperador como daqueles que ficam (na Francia), os bispos diocesanos arrecadarão a taxa de acordo com as disposições precedentes.

Que uma contribuição seja exigida dos comerciantes ou dos (outros) habitantes das cidades, na medida do possível, proporcionalmente a seus recursos."

Edito de Compiègne, versão B, ed. Krause, em *M. G. H., Capit.,* t. II, p. 354, col. 2. Trad. L. Lot, *Les tributs aux Normands,* pp. 66-67.

Documento 14: Os Avatares da Comunidade de Noirmoutier Expostos às Incursões.

"Desejando contar os prodígios que o Todo-Poderoso dignou-se a realizar durante o traslado das relíquias do bem-aventurado Filiberto da ilha de Noirmoutier ao lugar que traz o velho nome de Déas, assim como os milagres que se realizaram sob meus olhos, como os que me

---

* Habitação rural, na Idade Média, a que estava ligada uma certa extensão de terreno. (N. da T.)

foram relatados fielmente, suplico ardentemente ao Senhor que houve por bem fazer tão elevadas coisas, graças aos méritos do santo confessor, de me emprestar uma linguagem digna de semelhante narrativa.

Antes de entrar no assunto, creio útil indicar de que modo as relíquias foram levadas ao extremo de afastar São Filiberto de uma região que ele amava de maneira especial e onde entregara a alma a Deus e seu corpo à terra. Estes fatos são conhecidos pela presente geração, mas para nossos descendentes é preciso contar a perturbação que veio da parte dos normandos e as inquietações que causaram suas súbitas invasões.

Esses bárbaros investiam com freqüência no porto da ilha, comportavam-se como gente feroz e devastavam tudo. Os habitantes, seguindo o exemplo de seu amo, preferiram fugir de preferência a correr o risco de um extermínio. Os religiosos, aproveitando as facilidades de navegação que o verão oferece, dirigiam-se a Déas, ao mosteiro que fora construído para seu retiro; mas no inverno, voltavam à ilha de Noirmoutier. Por conseguinte, sua existência, a dos habitantes e de sua família, foi agitada por contínuos perigos; os normandos espalhavam o terror pela ilha incessantemente, infligia-lhes perdas sensíveis e os atormentavam de todas as maneiras. Nossos religiosos, temendo que nossos cruéis inimigos exumassem o sarcófago de São Filiberto e jogassem ao vento ou ao mar o que ele encerra, como, diz-se, fizeram na Bretanha, com as relíquias de um certo santo, quiseram evitar essa perigosa dominação fugindo.

A calma, habitualmente, sucede à tempestade (pois o Senhor não abandona aqueles que nele confiam, pois ele disse a seus discípulos: *Eis que estou convosco até a consumação dos séculos e de todos os dias*). E, no entanto, é bem verdade que sou obrigado a contar as circunstâncias nas quais a ilha de Noirmoutier foi despojada de seu protetor e abandonada pelos religiosos. Não quero, todavia, que minha linguagem surpreenda, quando digo que a paz sucede à perseguição. É para nós, com efeito, um período real de tranqüilidade que se abre desde que o corpo do santo repousa em Déas, numa localidade onde, dia e noite, é permitido aos servidores de Deus entregar-se a seus exercícios de piedade sem serem perturbados pelas invasões dos bárbaros.

No ano da Encarnação de Nosso Senhor Jesus Cristo 836, indicção XIV, sob o reino do imperador Luís, no XXIII ano de seu reinado, sendo Lotário rei da Itália, Pepino da Aquitânia, Luís da Nórica, enquanto Hilbold governava segundo a regra de São Benedito a comunidade de Saint-Philibert, resolvi, por ordem de meu abade, e apesar de minha indignidade e de minha incapacidade, contar os acontecimentos que seguem.

O abade Hilbold, vendo que as incursões dos normandos não paravam de se repetir e que o campo entrincheirado que construíra na ilha de Noirmoutier não afastava aquela pérfida nação, resolveu, com o assentimento de seus religiosos, ir ao encontro de Pepino, o rei da Aquitânia, e lhe expor qual era o apoio que esperava de sua benevolente soberania. Então, o rei e sua corte reunidos em assembléia geral julgaram que lhes era impossível deter aquele inimigo por meio de um exército, visto que, em conseqüência das marés, a ilha nem sempre é acessível aos grupos nativos, e que, nos tempos calmos, a costa nunca é completamente inabordável para os barcos dos normandos. Tomaram então a resolução que era mais prudente. Com a aprovação do rei Pepino, os bispos, os abades, os condes e todos os fiéis presentes às assembléias gerais da Aquitânia, como todos os que estavam a par dos acontecimentos, concordaram em que era mais vantajoso deslocar o corpo de São Filisberto do que deixá-lo na ilha. Esse traslado deu-se, portanto, no ano que citei acima."

Ermentaire, *Translationes et miracula S. Philiberti,* ed. cit. Trad. L. Maitre, em *Bulletin de la Société Archéologique de Nantes et de la Loire Inférieure,* t. 35 (1896), pp. 117 e ss.

Documento 15: O ARCEBISPO DE REIMS, HINCMAR, FOGE DIANTE DOS NORMANDOS.

"882. Os normandos, chegados às paragens da fortaleza de Laon, começaram a pilhar e a incendiar tudo o que se encontrava nas imediações. Daí pretendiam ir a Reims, depois, passando novamente por Soissons e Noyon, voltar a Laon, para tomá-la e submeter o reino.

O bispo Hincmar soube da notícia. Os homens da circunscrição eclesiástica de Reims tinham partido com Carlomano; os cônegos, os monges e as freiras fugiam de toda parte. Como estivesse doente, foi num catre e durante a noite que ele foi transportado a Epernay, tendo tomado o cuidado de levar consigo o corpo de São Remi e o tesouro da catedral."

Hincmar, *Annales Bertiniani,* ed. cit., pp. 249-250.

Problemas a Resolver*

1. Para uma arqueologia das invasões normandas.
2. Calcular os efetivos nórdicos.
3. Medir as ondas de pânico.
4. Avaliar quantitativamente os estragos.

I. Para uma arqueologia das invasões normandas

A arqueologia das invasões normandas, no continente e nas ilhas britânicas, ainda espera quem dela se encarregue. É, contudo, indispensável, para que o dossiê esteja completo, levantar e examinar o maior número possível de vestígios materiais que testemunhem o fenômeno. Percorrendo regiões inteiras e ali parando várias vezes, às vezes durante longos meses, os dinamarqueses marcaram com sua presença os lugares que freqüen-

---

* Serão expostos apenas os problemas diretamente ligados ao ponto de vista adotado neste livro; para se ter uma idéia do que resta a ser feito, ver L. Musset, *Les Invasions. La seconde vague,* p. 183 e ss., e A. D'Haenens, *Les invasions normandes dans l'empire franc au IXe siècle. Pour une problématique,* pp. 235-298.

taram, quer organizando ali esconderijos quer abandonando alguma arma, embarcação ou objeto de uso. Além disso, a ansiedade e a angústia suscitadas pelo invasor traduziram-se nos agredidos por reações ainda detectáveis: enterramento de tesouros, deslocamento de objetos preciosos, construção de lugares de refúgio.

Escavações e inventários a serem feitos

Arqueólogos e historiadores teriam interesse portanto em se entenderem para desbravar juntos um terreno que não deixa de ser promissor.

Seria preciso escavar os sítios dos acampamentos, onde os normandos permaneceram, muitas vezes em grande número e durante vários meses (Noyon, *Ascloa,* a ilha de Oscelle etc.); os lugares que foram objeto de medidas defensivas francas (Saint-Omer, por exemplo, Arras, ou a ponte de Pîtres; ver também J. Hubert, *L'abbaye de Déols et les constructions monastiques de la fin de l'époque carolingienne,* em *Cahiers Archéologiques,* t. 9 [1957], pp. 159 e ss.); também os que provocaram danos suscetíveis de deixar vestígios, como arrasamentos ou incêndios (em Quentovic, por exemplo, ou em Tournai).

Inventariar as armas, objetos de adorno e utensílios nórdicos encontrados em nossas terras (ver, a título de exemplo, Shetelig e Bjørn, *Vikingeminner i Vest-Europa,* citado *infra*; J. Breuer, *À propos des Vikings,* em *Bulletin de la Société Royale d'Archéologie de Bruxelles,* 1935, p. 34 e ss.; ID., *Les Vikings en Belgique, ib.,* 1935, pp. 186 e ss.; S.-J. De Laet, *Wooden Animal Heads of carolingian Times found in the River Scheldt (Belgium),* em *Acta Archaeologica,* t. 27 [1956], pp. 127 e ss.); recensear os frutos de suas pilhagens encontrados em seus países de origem (ver, por exemplo, o artigo de Galster, citado *infra*); levantar os deslocamentos de objetos preciosos pelas populações ameaçadas (ver, para o espaço belga, um levantamento em A. D'Haenens, *Les invasions normandes en Belgique, op. cit.,* pp. 322 e ss.).

Fazer o inventário e o exame dos tesouros monetários que poderiam ter sido enterrados por ocasião das invasões. F. Vercauteren mostrou o caminho a seguir, estudando as 559 moedas enterradas no início de 881, em Gisly, seis quilômetros a leste de Amiens (*L'interprétation d'une trouvaille de monnaies caro-lingiennes,* citado *infra*): elas foram provavelmente "levadas ao vale do Somme por normandos... que tinham participado nas campanhas da região do Loire e que, conseqüentemente, possuíram moedas cunhadas naquele país". É no mesmo espírito que se examinaram os esconderijos de Muizen, Assebroek, Zelzate e Ekeren (A. D'Haenens, *Les invasions normandes en Belgique,* pp. 317 e ss.).

A crítica dos vestígios

A crítica desses vestígios só poderá ser concebida com validade no dia em que o esforço de inventariação sistemática tiver sido feito. Enquanto isso não acontece, o exame da atitude que é importante adotar em relação a eles só pode ser incompleto e fragmentário. Vamos nos contentar com chamar a atenção para dois pontos de interpretação delicados.

O primeiro concerne à ausência de moedas carolíngias nos países de origem dos invasores: foram até hoje encontradas no total 57 moedas carolíngias autênticas, anteriores a 900, nos tesouros dinamarqueses (G. Galster, artigo citado *infra*). Esta ausência não tem um significado especial. Como sublinha M. Bloch, com muita freqüência se esquece que os metais preciosos, "roubados ou recebidos como tributos sob forma ora de peças de moeda ora de enfeites à moda do Ocidente, foram geralmente refundidos para a confecção de jóias segundo o gosto de seus adquirentes", mas também e sobretudo segundo as normas em vigor na economia dinamarquesa do século IX. Certos objetos de adorno, especialmente os anéis – como mostrou H. Jankuhn –, tinham geralmente um peso-padrão bem definido e serviam para as transações comerciais. É apenas no século X que será adotado o sistema monetário; no século IX, o *Gewichtsilber* funcionava como numerário; as moedas carolíngias e também as moedas de tesouro de ouro ou de prata, provindo das razias, só entravam sem dúvida em circulação depois de serem refundidas; isso explicaria sua ausência nos achados arqueológicos do século IX.

Um segundo ponto se refere aos esconderijos de moedas. Eles podem geralmente ser datados com uma precisão satisfatória. Mas em que medida a data de enterramento pode fornecer algum esclarecimento sobre as razões que ditaram o comportamento do proprietário do bem escondido? A maior parte das respostas a essa pergunta essencial pertence ao domínio da hipótese pura. Provavelmente jamais se conseguirá identificar o proprietário. Nem saber se ele enterrou tudo ou parte de seus bens e por quê. Se o fez antes de fugir, o esconderijo testemunharia o abandono do país. Mas será que é próprio do comportamento do homem separar-se de seu dinheiro para fugir? Enterrar não seria, ao contrário, próprio de um *resistente,* que, ficando no lugar, quis assegurar uma fortuna que não pôde recuperar após um desfecho fatal? Outras tantas perguntas difíceis que convidam à prudência (atendo-se à literatura abundante consagrada à interpretação dos achados e dos esconderijos de moedas; A. Gebhardt, "Münzfunde als Quellen des Wirtschafts-und Kulturgeschichte in 10. und 11 Jht.", em *Deutsches Jahrbuch für Numismatik,* t. I [1938], p. 157 e ss.: M. Stenberger, *Die Schätzfunde Gotlands der Wikingerzeit,* Esto-colmo, 1958, t. I, cap. 9, pp. 307 e ss.).

Somente os textos podem nos informar sobre as intenções daqueles que enterravam suas moedas. Caberia também pesquisar obras tão interessantes como o *Libellus miraculorum S. Bertini,* por exemplo, que testemunha sitiados prontos a enterrar suas riquezas por medo de um cerco demasiado longo. A hagiografia põe na boca de um chefe normando um discurso em que ele exprime este propósito: "quoniam si hi tantum habuerunt spatium noctis, omnia sua aut infodient aut in puteis seu abditis quibusque locis abscondent, quia timent se pro certo in deditionem vel in mortem ire" (*M. G. H., S. S.,* t. 15, p. 515). Este texto provaria que principalmente os resistentes enterravam seus tesouros. É provavelmente também a esse reflexo que faz alusão o analista Méginhard quando assinala que, em 882, as abadias ameaçadas esconderam seus bens: "thesauros aecclesiarum qui propter metum hostium absconditi fuerant" (*Annales Fuldenses,* ed. Kurze, p. 99).

II. Calcular os efetivos nórdicos

O problema da avaliação quantitativa dos efetivos normandos permanece em aberto. Os dados, no início, compõem-se de indicações vagas e de cifras.

Algumas cifras contemporâneas

Eis aqui, a título de exemplo, algumas vagas indicações. Em 850, Rorik, que invadiu a Frísia e depois Flandres, surge *cum multitudine navium, non modica manu*. Em 864, os normandos invadem Flandres *cum plurimo navigio*. A 25 de abril de 891, juntam-se diante de Saint-Bertin com uma cavalaria, *quasi harena innumerae multitudinis,* e infantes, *pedintes inestimabilis plurimae*.

Eis aqui outros dados, mais precisos porque enumeram barcos e homens:

Data	Localização	Quantidade

1. *Número de barcos.*

Data	Localização	Quantidade
820	litoral flamengo	13
843	Loire	67
844	Garonne	54
845	Elba	600
845	Sena	120
851	Tâmisa	350
852	Frísia	252
855	Loire	105
861	Sena	200
865	Loire	50 (ou 700 cavaleiros)
876	Sena	100
882	*Ascloa*	200
885/6	Paris	700 (ou 40 000 homens)
892	Boulogne	350

2. *Número de barcos afundados.*

Data	Localização	Quantidade
851	perto de Sandwich	9
862	Sena	12
875	perto do litoral britânico	1
882	*ibid.*	4
884	perto de Kent	13

3. *Número de agressores mortos.*

Data	Localização	Quantidade
799	ilhas da Aquitânia	105
835	Noirmoutier	484
845	Frísia	12 000 ou 30 000

865	Charente	400
869	Loire	60
873	Frísia	800
880	*Timiomum*	+ ou - 15 000
881	Saucourt	8 a 9 000
882	perto do Aisne	1 000
891	Saint-Omer	550

Dois exemplos de avaliação fantasiosa

Como as avaliações vagas não têm interesse para nosso propósito, que valor atribuir às cifras? É evidente que elas valem o mesmo que a capacidade de avaliação quantitativa daqueles que as produziram. Ou seja, pouca coisa. Dois exemplos, escolhidos dentre aqueles que acabamos de alinhar, demonstram-no claramente; trata-se ainda de casos privilegiados, pois concernem às estimativas feitas por testemunhos que tiveram oportunidade de ver pessoalmente os contingentes que avaliaram, o que é bastante raro.

Tomemos primeiramente a estimativa do autor do *Libellus miraculorum S. Bertini*, que adianta a cifra de 550 homens mortos na escaramuça de Sithiu, de 18 de abril de 891. Esta estimativa parece inverossímil quando colocada no contexto. É descendo a colina de Helfaut, diante da abadia de Saint-Bertin do lado oeste, que um bando de normandos é localizado pelos vigias postados no *arx* de Saint-Omer. O alarme é dado imediatamente. Os habitantes, que assistiam à missa, retiram-se para trás da muralha enquanto os homens armados prestam juramento, se equipam e depois vão tomar lugar nas fortificações. Mas os dinamarqueses não procuram aparentemente a contenda. Interessam-se sobretudo pelo gado que pasta nos prados do vale. Os guerreiros, espantados, saem então do *arx*, caem sobre os pilhantes e matam todos, com exceção de nove homens que conseguem escapar; destes, cinco reintegram sua base no litoral, pois quatro dentre eles são ainda abatidos no caminho. A hagiografia insiste na fraqueza da cidadela e no número reduzido de defensores que garantiam sua defesa. É pelo menos estranho que, em circunstâncias tão favoráveis – superioridade numérica, vantagem da surpresa –, os normandos tenham desejado evitar o combate e tenham se deixado exterminar às centenas. É que, contrariamente ao que calculavam as pessoas do lugar, os dinamarqueses que se apresentaram naquele domingo de manhã não eram todo o exército vindo para levantar a praça forte, mas simplesmente um destacamento para prover o abastecimento do campo pela captura de algumas cabeças de gado. Provavelmente consideraram que, para obter êxito na operação, algumas dezenas bastariam. O que nos deixa muito longe da avaliação do hagiógrafo.

Examinemos ainda um outro número: aquele dado por Abbon ao avaliar os contingentes presos em novembro de 885 junto aos muros de Paris. "Ora", escreve ele (ed. Waquet, v. 27 a 35, pp. 14 e ss.) dirigindo-se à cidade,

eis os presentes que os cruéis te oferecem: setecentos navios muito altos e uma multidão inumerável de outros menores, daqueles que se chamam correntemente de barcos. O leito profundo do Sena estava a tal ponto lotado deles, até um pouco mais de duas léguas a montante, que perguntava-se com surpresa em que outro antro se metera o rio; nada aparecia dele, de tal modo estava coberto como que por uma vela pelos pinheiros, carvalhos, olmos, choupos, mergulhados em suas águas.

"Mais de mil vezes quarenta homens", conclui Abbon, vêm assim fazer um cerco que se eternizará em vão durante meses, enquanto a cidade, sempre segundo suas estimativas, só era defendida por "duzentos combatentes, e ainda assim nem sempre" (vv. 114-115). Será preciso levar adiante a demonstração do absurdo desses números? Ou dos apresentados por Réginon, que fala em mais de 30 mil sitiantes (*erant, ut ferunt, XXX et eo amplius adversariorum millia*)? "Deveríamos nos espantar", observa F. Lot, "se se aceitassem essas avaliações, que os normandos não pudessem dominar uma praça tão exígua como Paris, encerrada na ilha da Cité, que contava então apenas 9 hectares."

São úteis as avaliações contemporâneas?

As cifras apresentadas pelos testemunhos contemporâneos não podem, portanto, ser tomados literalmente. Mas não seria possível, submetendo-as a uma crítica cerrada, tirar delas, apesar de tudo, uma indicação? Talvez. Mas em que bases assentar essa crítica?

Tentemos seriar os dados. Os números concernentes a homens ou a navios visam tudo ou apenas uma parte de um contingente. As possibilidades de erros, na avaliação quantitativa, diminuem à medida que as quantidades submetidas à apreciação do observador decrescem em importância. Por conseguinte, uma avaliação que se refira ao número de navios tem mais probabilidades de se aproximar da realidade do que a que se refere ao número de homens; o mesmo acontece com uma avaliação referente ao número de adversários mortos ou de navios capturados ou afundados em relação à que concerne à totalidade a que pertence uma dessas partes. Além do mais, seria preciso saber quantos homens equipavam cada um dos navios; ou quantos navios compunham a frota. Apenas para o navio é possível estabelecer essas relações. Segundo exemplares ainda atualmente conservados, pode-se estimar que, em média, de trinta a cinqüenta homens podiam ali se acomodar. Obteríamos assim números particularmente elevados e exagerados no caso de certas expedições. Quando, em 845, os vikings sobem o Elba até Hamburgo, seriam mais de 18 mil homens sitiando uma cidade que contaria apenas 10 mil em seu apogeu, em 1350.

Todas as cifras – mesmo as fornecidas por testemunhas colocadas nas mais favoráveis condições de avaliação – revelam-se igualmente fantasiosas quando as medimos à luz da demografia franca e nórdica. Quanto a esta, escavações recentes mostraram que grandes centros comerciais, como Haithabu, Birka ou Grobin, contavam com no máximo algumas centenas de habitantes nos séculos IX e X, na época de seu apogeu, portanto. Em relação a esta, só podemos citar aproximações parciais: a de 34 habitantes por km², por exemplo, para um pequeno país, "de população densa", situado entre o Yser e as colinas do Boulonnais, em meados do século IX.

Cifras igualmente fantasiosas quando confrontadas com as possibilidades limitadas de transporte; com a inutilidade, para os normandos, de se atravancar com contingentes tantas vezes superiores às entidades adversas; com as dificuldades insuperáveis que implicava a invernagem de tantos milhares de homens em país inimigo.

Os contemporâneos superestimaram a importância numérica dos exércitos escandinavos; suas avaliações não têm nenhum valor estatístico, não testemunham uma ordem de grandeza verdadeira mas um choque mental, bem real.

III. Medir as ondas de pânico

As invasões pesaram, sobretudo, sobre as mentalidades e os psiquismos das populações agredidas. O problema é medir esse impacto, dificilmente observável. Podemos resolvê-lo parcialmente estudando especialmente os itinerários de fuga das comunidades religiosas, as durações de seus exílios, seus modos de subsistência. "Seria preciso, para cada região, dispor de estudos de conjunto, com uma cartografia desenvolvida", sugere L. Musset.

Veríamos progredir ondas de pânico e outras, muitas vezes menos justificadas, de volta à confiança. Poderíamos medir, para as regiões costeiras, o grau no qual eram julgadas indefensáveis e seu estado de abandono administrativo... Enfim, por eliminação, seria preciso fixar, em negativo dos mapas precedentes, o dos mosteiros ou das relíquias que nunca se mexeram...

Esboçar esta dinâmica geográfica e mental do pânico no século IX exige pois a elaboração de dezenas de monografias, que estudariam todos os casos com uma crítica exigente e moderna, do tipo das que fez P. Gasnault em relação a Saint-Martin de Tours (*Le tombeau de saint Martin et les invasions normandes dans l'histoire et dans la légende,* em *Revue d'Histoire de l'Eglise de France,* t. 47 [1961], pp. 51 e ss.) e G. de Poerck em relação a Saint-Maixent (*Les reliques des saints Maixent et Léger,* em *Revue Bénédictine,* t. 72 [1962], pp. 61 e ss.).

Seria preciso, em cada caso, indagar das razões e das modalidades do desencadeamento da procura de uma "securização" centrada na evasão; da ocasião próxima da partida e das circunstâncias que a cercaram (exumação de relíquias; expedição prévia do tesouro); das modalidades da evasão (meios e vias de comunicação; comportamento diante das localidades atravessadas; meios de subsistência durante o trajeto; número, duração e modalidades das paradas no trajeto); dos lugares de refúgio (escolha feita em função de uma segurança real ou aparente, e também dos meios de subsistência); da duração do exílio e das modalidades da volta; dos avatares incorridos pelos lugares abandonados.

Ao final da pesquisa, provavelmente chegaremos à constatação de que o périplo das relíquias de São Filiberto de Noirmoutier é menos típico do que geralmente se acredita. Que, além disso, houve alguma evolução na noção de refúgio: no início, somente as comunidades ameaçadas tentaram colocar a maior distância possível entre o refúgio e o invasor; quando tomaram consciência do alcance real de uma expedição normanda, preferiram salvar-se num local defensivo mais próximo e sem dúvida também mais seguro. As ondas de pânico iriam, portanto, encolhendo.

IV. Avaliar quantitativamente os estragos

Necessidade de medir o choque psicológico das agressões. Mas também seu impacto material. Como fazer uma idéia, tão objetiva quanto possível, das destruições e dos estragos a propósito dos quais os testemunhos não param de se lamentar?

Confrontando as afirmações, formuladas nos *topoi* clássicos, com outros testemunhos escritos concernentes à mesma unidade pretensamente sinistrada. Acontece freqüentemente que aqui a testemunha se queixa da destruição das construções conventuais abandonadas por seus ocupantes e pilhadas pelos vikings, enquanto em outra parte uma outra, ou amiúde ela mesma, mas quase inconscientemente, deixa entrever uma situação bastante diferente. Um exemplo. O autor dos *Miracula S. Germani* assinala que o estado da abadia de Saint-Germain-des-Prés, na volta do exílio de 845, era deplorável: "invenerunt illud ab incredula paganorum gente magna ex parte destructum" (cap. 21). Ora, ao voltar, os religiosos deram graças a Deus e a São Germano por lhes terem permitido voltar tão logo do exílio ("tam cito ad propria permitterentur repedar loca"), em tão boa saúde e com o tesouro completo ("cum pace omnique prosperitate ac thesauro salvo aecclesiae, quem secum habebant"). Sua alegria foi ainda maior porque os normandos não tinham sequer tocado em seu vinho ("cumque ex eo cotidie biberent eorumque corpora more solito reficerentur, cunctipotenti Deo non modicas gratias rependebant atque veneranda piissimi patris Germani preconia collaudabant, cuius intercessione actum est pia, ut in ipso monasterio ad impiissimo populo diu possesso huiusmodi habundantia remaneret vini")!

Fazendo, em relação às comunidades que foram vítimas das invasões, o inventário dos arquivos e manuscritos que, anteriores à data da fuga de seus proprietários ou na passagem dos invasores pelos lugares onde os conservava, subsistiram, uma vez terminadas as incursões. Semelhante procedimento permitiria controlar as afirmações tradicionais, segundo as quais os normandos arruinaram a documentação escrita anterior ao século X. (Ver, por exemplo, uma tentativa desse gênero, em A. D'Haenens, *Les invasions normandes en Belgique au IXe siècle*, pp. 133 c ss.)

Escavando os lugares pretensamente incendiados e arrasados pelos vikings. Se tomarmos os testemunhos contemporâneos ao pé da letra, teria havido dezenas deles; deveríamos, portanto, poder encontrar no solo os vestígios dessas destruições. Todavia, daí a considerar restos de corpos mutilados ou traços de incêndio como testemunhos da passagem dos agressores há apenas um passo que deveríamos evitar transpor com leviandade: a possibilidade de incêndios involuntários, como sempre houve, na Idade Média mais que nunca, não deve ser excluída *a priori*.

Bibliografia Seletiva

I. Trabalhos gerais sobre os vikings

MUSSET, L. *Les peuples scandinaves au Moyen Age*. Paris, 1951 (excelente introdução).

O volume coletivo dedicado pelos *Settimane* de Spoleto, na sessão de Páscoa de 1968, a *I Normanni e la loro espansione in Europa nell'Alto Medio Evo,* Spolète, 1969.

BLOCH, M. *La société féodale*. Paris, 1939, t. I, pp. 28-29 (brilhante quadro geral da sociedade escandinava na época dos vikings).

SAWYER, P. *The Age of the Vikings*. Londres, 1962 (estado da questão, crítica e estimulante).

JONES, G. *A History of the Vikings*. Londres, 1968 (elaboração sugestiva dos dados atualmente disponíveis).

ARBMAN, H. *The Vikings*. Londres, 1961 (síntese, fartamente ilustrada, de um dos grandes arqueólogos escandinavos).

BRØNDSTED, J. *The Vikings*. Londres, 1965 (Penguin Books) (do mesmo filão do livro precedente).

LAURING, P. *Vikingerne*. Copenhague, 1956.

DURAND, F. *Les Vikings*. Paris, 1965 (Que sais-je?, nº 1188).

TURVILLE-PETRE, E. *Myth and Religion of the North*. Londres, 1964.

SIMPSON, J. *Everyday Life in the Viking Age*. Batsford, 1968 (evocação, sugestiva e bem ilustrada, da vida cotidiana).

WILSON, D. M. e KLINDT-JENSEN, O. *Viking Art*. Londres, 1966.

A estas obras recentes acrescentar duas, mais antigas e sempre úteis:

BUGGE, A. *Vikingerne*. Copenhague e Christiania, 2 v., 1904-1906.

KENDRICK, T. D. *A History of the Vikings*. Londres, 1930.

II. Fontes e Trabalhos Referentes às Invasões Normandas no Ocidente

a) Em geral

1. Estado da questão

MUSSET, L. *Les invasions: le second assaut contre l'Europe chrétienne*. Paris, 1965 (Nouvelles Clio, 12 bis).

D'HAENENS, A. *Les invasions normandes dans l'Empire franc au IXe siècle. Pour une rénovation de la problématique*. Spoleto, 1969, t. 16, pp. 235-298 (*I Normanni e la loro espansione in Europa nell' alto medioevo,* Spoleto, 1969).

2a. Fontes escritas

– nórdicas:

MUSSET, L. e MOSSÉ, F. *Introduction à la runologie*. Paris, 1965 (Bibliothèque de philologie germanique, t. 20) (assinala os *corpus* de textos rúnicos).

– árabes:

SEIPPEL, A. *Rerum normannicarum fontes arabici*. Oslo, 2 vol., 1896-1928.

BIRKELAND, H. *Nordens Historie i middelalderen etter arabiske kilder*. Oslo, 1954-1955.

JACOB, G. *Arabische Berichte von Gesandten an germanische Fürstenhöfe aus dem 9. und 10. Jht*. Berlim, 1927.

MELVINGER, A. *Les premières incursions des Vikings en Occident, d'après des sources arabes*. Upsala, 1955.

– latinas:

Não vem ao caso enumerar todas as fontes latinas. Na ausência de um *corpus* que as reúna, nos contentaremos em assinalar algumas delas, a título exemplificativo. Far-se-á uma idéia do leque a ser explorado, por ocasião de um estudo exaustivo do fenômeno numa determinada região, em A. D'HAENENS, *Les invasions normandes en Belgique, op. cit.*

Exemplos de fontes narrativas redigidas por ocasião das invasões:

ABBON, *Bella Parisiacae Urbis*. Ed. e trad. H. WAQUET. Paris, 1964 (Classiques de l'histoire de France au Moyen Age).

LIBELLUS miraculorum S. Bertini, em *M.G.H., SS.*, t. 15, pp. 509 e ss.

SERMO de relatione corporis B. Vedasti a Bellovaco ad proprium locum. Ib., pp. 402 e ss.

MIRACULA S. Germani in Normannorum adventu factis. Ib., pp. 10 e ss.

AIMOIN, *Historia miraculorum et translationum S. Germani ob irruptiones Normannicas*, em *AA. SS.*, maior, t. 6, pp. 786 e ss.

Exemplos de anais que relatam incursões:

ANNALES Bertiniani. Ed. F. GRAT *et al.*, Paris, 1964.

ANNALES Regni Francorum. Ed. KURZE, em *SS. rev. Germ. in usum scholarum*, 1895.

ANNALES Fuldenses. Ed. KURZE. Ib., 1891.

ANNALES Vedastini. Ed. B. DE SIMSON, *Ib.,* 1909.

FLODOARD, *Annales*. Ed. Ph. LAUER, Paris, 1905.

Exemplos de crônicas que relatam incursões:

CHRONIQUE anglo-saxonne. Ed. PLUMMER, C. e EARLE, J. *Two of the Saxon Chronicles Parallel,* 1892; nova ed. de D. WITHELOCK, 1952.

CHRONICON Aethelwaerdi. Ed. A. CAMPBELL, 1962.

2b. Fontes materiais

MARTENS, I. *Vikingetogene i arkeologisk belysning*, em *Viking*, t. 24 (1960), pp. 93 e ss.

BROGGER, A. e SHETELIG, H. *Vikingeskipene*. Oslo, 1950.

SHETELIG, H. *Viking Antiquities in Great Britain and Ireland*. Oslo, 1940-1954, 6 vol.

VERCAUTEREN, F. *L'interprétation économique d'une trouvaille de monnaies carolingiennes faite près d'Amiens en 1865,* em *Revue Belge de Philologie et d'Histoire*, t. 13 (1934), pp. 750 e ss.

JANKUHN, H.*Haithabu. Ein Handelsplatz der Wikingerzeit.*Neumünster, 4ª ed., 1963.

STENBERGER, M. *Die Schatzfunde Gotlands der Wikingerzeit,* 2 vol. Estocolmo-Lund, 1947-1958.

MALMER, B. *Nordiska mynt före är 1000*. Lund, 1966.

DOLLEY, M. *Viking Coins of the Danelaw and of Dublin*. Londres, 1965.

GILLE, B. *Les navires des Vikings*, em *Techniques et civilisation*, t. 3 (1954), pp. 91 e ss.

BRUCH HOFFMEYER, A. *Le spade Danesi dell'età del ferro fino al medio evo*, em *Associazione Italiana di Metallurgia. Documenti e contributi*, t. 2 (1957), pp. 65 e ss.

3. Trabalhos

KEARY, C. F. *The Vikings in Western Christendom*, 1891.

STEENSTRUP, J. *Normannerne*. Copenhague, 2 vol., 1876-1882.

LOT, F. *Les invasions barbares et le peuplement de l'Europe*. Paris, 1942, pp. 115 e ss.

ARBMAN, H. e STENBERGER, M. *Vikingar i Västerled*. Estocolmo, 1935.

ARBMAN, H. *Schweden und das karolingische Reich*. Estocolmo, 1937.

ASKEBERG, F. *Norden och kontinenten i gammal tid*. Upsala, 1944.

BUISSON, L. *Formen normannischer Staatsbildung (9. bis 11. Jht.)*, em *Studien zum mittelalterlichen Lehenswezen*. Constança, 1960, pp. 95 e ss. *(Vorträge und Forschungen*, t. 5).

MUSSET, L. *relations et échanges d'influence dans l'Europe du Nord-Ouest (Xᵉ-XIᵉ siècles)*, em *Cahiers de Civilisation Médiévale*, t. I (1958), pp. 63 e ss.

SHETELIG, H. *Les origines des invasions normandes*, em *Bergens Museums Arbok, Historisk-antikvarisk rekke*, nᵒ 1 (1932), pp. 1 e ss.

b) Por regiões

Para a Inglaterra, a Irlanda, a Escócia, a Frísia, a Normandia e a Espanha, ver a bibliografia citada por L. Musset, *Les invasions*, pp. 21 e ss. Para a Francia ocidental:

VOGEL, W. *Die Normannen und das fränkische Reich bis zur Gründung der Normandie (799-911)*. Heidelberg, 1906.

VERCAUTEREN, F. *Comment s'est-on défendu, au IXᵉ siècle, dans l'Empire franc contre les invasions normandes*, em *Annales du XXXᵉ Congrès de la Fédération Archéologique et Historique de Belgique (1935)*. Bruxelas, 1936, p. 117 e ss.

JORANSON, E. *The Danegeld in France*. Rock Island, 1923.

D'HAENENS, A. *Les invasions normandes en Belgique au IXᵉ siècle. Le phénomène et sa répercussion dans l'historiographie médiévale*. Louvain, 1967.

FAVRE, E. *Eudes, comte de Paris et roi de France (882-898)*. Paris, 1893 (Bibliothèque de l'École des Hautes Études, fasc. 99).

LOT, F. *Le règne de Charles le Chauve (840-877)*. 1ᵒ fasc.: *De la mort de Louis le Pieux au traité de Meerssen (840-861)*. Paris, 1909 (Ib., t. 175).

_____. *La Loire, l'Aquitaine et la Seine de 862 à 866. Robert le Fort,* em *Bibliothèque de l'École des Chartes.* T. 76 (1905), pp. 473-510.

_____. *La grande invasion normande de 856-862.* Ib., t. 79 (1908), pp. 1-62.

_____. *Le tribut aux Normands et l'Eglise de France au IXe s.,* Ib., t. 85 (1924).

Acrescentar especialmente os artigos citados acima (em *Problèmes à résoudre)* e os estudos de:

BINDING, G. *Slot Broich. Een laatkarolingische vesting tegen de Noormannen,* em *Spiegel Historiael,* t. 3 (1968), pp. 386-393.

D'HAENENS, A. *Corbie et les Vikings,* em *Corbie, abbaye royale, volume du XIIIe centenaire.* Lille, 1963, p. 181 e ss.

ESPINAS, G. *Les origines du capitalisme.* T. 3. *Deux fondations de villes dans l'Artois et la Flandre française (X-XVe siècles). Saint-Omer et Lannoy-du-Nord.* Lille-Paris, 1946.

FINÓ, J.-F. *Forteresses de la France médiévale. Construction, attaque, défense.* Paris, 1967.

GARAUD, M. *Les incursions des Normands en Poitou et leurs conséquences,* em *Revue Historique.* T. 180 (1937), p. 241 e ss.

HUBERT, J. *Évolution de la topographie et l'aspect des villes de Gaule du Ve au Xe siècle,* em *Settimana di studio del Centro italiano di Studi sull'Alto Medioevo.* T. 6 (1958), p. 552 e ss.

LAIR, J. *Les Normands dans l'île d'Oscelle,* em *Bulletin de la Société Historique et Archéologique du Vexin.* T. 20 (1897), p. 9 e ss.

LOT, F. *Le monastère inconnu pillé par les Normands en 845,* em *Bibliothèque de l'École des Chartes.* T. 70 (1909), p. 433 e ss.

_____. *Un prétendu repaire de pirates normands au IXe siècle,* em *Bullletin de l'Académie des Inscriptions et Belles Lettres,* 1945, p. 423 e ss.

MUSSET, L. *Les destins de la propriété monastique durant les invasions normandes (IXe-XIe s.). L'exemple de Jumièges,* em *Jumièges. Congrès Scientifique du XXXe Centenaire.* Roma, 1955. T. I, p. 50 e ss.

_____. *La "cacographie" des Normands et de la Normandie,* em *Revue du Moyen Age Latin.* T. 2 (1946), p. 129 e ss.

SKYUM-NIELSEN, N. *Vikingerne i Paris. Beretninger fra IX. arhundrede oversat og forklaret.* Copenhague, 1967.

VANDER LINDEN, H. *Les Normands à Louvain,* em *Revue Historique.* T. 124 (1917), p. 64 e ss.

VAN WERVEKE, H. *De oudste burchten aan de vlaamse en de zeeuwse kust,* em *Mededelingen van de Kon. Vlaamse Acad. voor Wet., Lett.* em *Schone Kunsten van België, Kl. Letteren.* T. 27 (1965), fasc. I.

VERCAUTEREN, F. *Étude sur les civitates de la Belgique seconde. Contribution à l'histoire urbaine du Nord de la France, de la fin du IIIe à la fin du XIe siècle.* Bruxelas, 1934 (*Mémoire de l'Académie Royale de Belgique, Classe de Lettres.* T. 33).

Coleção Khronos

1. *O Mercantilismo*, Pierre Deyon.
2. *Florença na Época dos Médici*, Alberto Tenenti.
3. *O Anti-Semitismo Alemão*, Pierre Sorlin.
4. *Mecanismos da Conquista Colonial*, Ruggiero Romano.
5. *A Revolução Russa de 1917*, Marc Ferro.
6. *A Partilha da África Negra*, Henri Brunschwig.
7. *As Origens do Fascismo*, Robert Paris.
8. *A Revolução Francesa*, Alice Gérard.
9. *Heresias Medievais*, Nachman Falbel.
10. *Armamentos Nucleares e Guerra Fria*, Claude Delmas.
11. *A Descoberta da América*, Marianne Mahn-Lot.
12. *As Revoluções do México*, Américo Nunes.
13. *O Comércio Ultramarino Espanhol no Prata*, Emanuel Soares da Veiga Garcia.
14. *Rosa Luxemburgo e a Espontaneidade Revolucionária*, Daniel Guérin.
15. *Teatro e Sociedade: Shakespeare*, Guy Boquet.
16. *O Trotskismo*, Jean-Jacques Marie.
17. *A Revolução Espanhola 1931-1939*, Pierre Broué.
18. *Weimar*, Claude Klein.
19. *O Pingo de Azeite: A Instauração da Ditadura*, Paula Beiguelman.
20. *As Invasões Normandas: Uma Catástrofe?*, Albert d'Haenens
21. *A Igreja e o Controle da Natalidade*, Jean-Louis Flandrin

Coleção Khronos